U0793747

全国高等教育自学考试指定教材
消防管理专业（专科）

消　防　法　规

（2014 年版）

（含：消防法规自学考试大纲）

全国高等教育自学考试指导委员会　组编

主　编　白凤领

机　械　工　业　出　版　社

本书是全国高等教育自学考试消防管理专业指定教材。

本书包括消防法规概述、消防法、消防安全相关法律、消防安全相关行政法规、消防行政规章、消防管理标准、消防刑事犯罪及刑事责任七章内容。本书根据自学考生的学习特点，力求突出各章节的重点和难点，在做到观点鲜明、表述清晰、易懂易记、简明扼要的同时，力求增加可读性和实用性。

本书适合于参加全国高等教育自学考试消防管理专业学习的学生和指导教师使用，也可供高等院校相关专业师生参考，还可供消防安全相关人员学习使用。

图书在版编目（CIP）数据

消防法规/白凤领主编. —北京：机械工业出版社，2014.3（2025.1重印）
全国高等教育自学考试指定教材. 消防管理专业（专科）
ISBN 978-7-111-46139-5

Ⅰ.①消… Ⅱ.①白… Ⅲ.①消防法-中国-高等教育-自学考试-教材 Ⅳ.①D922.14

中国版本图书馆CIP数据核字（2014）第048377号

机械工业出版社（北京市百万庄大街22号 邮政编码100037）
策划编辑：何文军 责任编辑：马碧娟
责任校对：薛 娜
北京虎彩文化传播有限公司印刷
2025年1月第1版第3次印刷
184mm×260mm · 9.75印张 · 232千字
标准书号：ISBN 978-7-111-46139-5
定价：19.00元

电话服务
客服电话：010-88361066
010-88379833
010-68326294

网络服务
机 工 官 网：www.cmpbook.com
机 工 官 博：weibo.com/cmp1952
金 书 网：www.golden-book.com
机工教育服务网：www.cmpedu.com

封底无防伪标均为盗版

组编前言

21世纪是一个变幻难测的世纪，是一个催人奋进的时代，科学技术飞速发展，知识更替日新月异。希望、困惑、机遇、挑战随时随地都有可能出现在每一个社会成员的生活之中。抓住机遇，寻求发展，迎接挑战，适应变化的制胜法宝就是学习——依靠自己学习，终生学习。

作为我国高等教育组成部分的自学考试，其职责就是在高等教育这个水平上倡导自学、鼓励自学、帮助自学、推动自学，为每一个自学者铺就成才之路。组织编写供读者学习的教材就是履行这个职责的重要环节。毫无疑问，这种教材应当适合自学，应当有利于学习者掌握和了解新知识、新信息，有利于学习者增强创新意识、培养实践能力、形成自学能力，也有利于学习者学以致用，解决实际工作中所遇到的问题。具有如此特点的书，我们虽然沿用了“教材”这个概念，但它与那种仅供教师讲、学生听，教师不讲、学生不懂，以“教”为中心的教科书相比，已经在内容安排、编写体例、行文风格等方面都大不相同了。希望读者对此有所了解，以便从一开始就树立起依靠自己学习的坚定信念，不断探索适合自己的学习方法，充分利用已有的知识基础和实际工作经验，最大限度地发挥自己的潜能，以达到学习的目标。

欢迎读者提出意见和建议。

祝每一位读者自学成功！

全国高等教育自学考试指导委员会

2013年3月

目　录

消防法规自学考试大纲

消防法规

全国高等教育自学考试
消防管理专业(专科)

消防法规自学考试大纲

（含考核目标）

全国高等教育自学考试指导委员会　制定

出 版 前 言

为了适应社会主义现代化建设事业的需要，鼓励自学成才，我国在20世纪80年代初建立了高等教育自学考试制度。高等教育自学考试是个人自学、社会助学和国家考试相结合的一种高等教育形式。应考者通过规定的专业课程考试并经思想品德鉴定达到毕业要求的，可获得毕业证书；国家承认学历并按照规定享有与普通高等学校毕业生同等的有关待遇。经过30多年的发展，高等教育自学考试为国家培养造就了大批专门人才。

课程自学考试大纲是国家规范自学者学习范围、要求和考试标准的文件。它是按照专业考试计划的要求，具体指导个人自学、社会助学、国家考试、编写教材及自学辅导书的依据。

为更新教育观念，深化教学内容方式、考试制度、质量评价制度改革，更好地提高自学考试人才培养的质量，全国高等教育自学考试指导委员会各专业委员会按照专业考试计划的要求，组织编写了课程自学考试大纲。

新编写的大纲，在层次上，专科参照一般普通高校专科或高职院校的水平，本科参照一般普通高校本科的水平；在内容上，力图反映学科的发展变化以及自然科学和社会科学近年来研究的成果。

全国高等教育自学考试指导委员会电子电工与信息类专业委员会参照普通高等学校消防法规课程的教学基本要求，结合自学考试消防管理专业（专科）的实际情况，组织制定的《消防法规自学考试大纲》，经教育部批准，现颁发施行。各地教育部门、考试机构应认真贯彻执行。

全国高等教育自学考试指导委员会

2014 年 1 月

Ⅰ　课程性质与课程目标

一、课程性质和特点

“消防法规”课程，是全国高等教育自学考试消防管理专业的必修课，是为培养和检验自学考生的基本理论和应用能力而开设的一门专业课。

“消防法规”主要研究构成消防法规体系的不同表现形式的现行消防法律规范，以《消防法》、相关消防法律、相关消防行政法规、消防行政规章、消防管理标准为主要研究对象，通过对这些消防法规的立法目的、适用范围和设置的主要法律制度、法律责任等内容的阐述，明确相关的消防安全规定。在此基础上，还对严重违反消防法规构成的消防刑事犯罪问题进行了研究，通过对三类消防刑事犯罪的阐述明确严重消防违法的法律后果。

二、课程目标

课程设置的目标是使考生能够：

1. 比较全面系统地掌握消防法规的基础知识和运用消防法规的基本技能。
2. 熟悉我国主要的消防法律制度和主要消防法规的内容。
3. 了解消防刑事犯罪及其刑罚。
4. 为从事消防管理工作打下基础。

三、与相关课程的联系与区别

“消防法规”与“消防安全管理概论（含实践）”课程具有密切的联系，前者为后者的学习和对消防管理实践的开展提供了法律工具基础，消防法规的内容是进行消防安全管理的法律依据。

四、本课程的重点、次重点和难点

本课程的重点是：消防法；行政处罚法；机关、团体、企业、事业单位消防安全管理规定；公共娱乐场所消防安全管理规定；社会消防安全教育培训规定；重大火灾隐患判定方法；消防产品现场检查判定规则。本课程的次重点是：消防法规概述；行政复议法；生产安全事故报告和调查处理条例；娱乐场所管理条例；建设工程消防监督管理规定；消防监督检查规定；火灾事故调查规定；人员密集场所消防安全管理；建设工程消防验收评定规则；消防刑事犯罪及其刑事责任。

本课程的难点是：消防法；行政处罚法；建设工程消防监督管理规定；消防监督检查规定；重大火灾隐患判定方法；失火罪、消防责任事故罪、重大责任事故罪的犯罪构成要件。

Ⅱ　考核目标

本大纲在考核目标中，按照识记、领会和应用三个层次规定其应达到的能力层次要求。三个能力层次是递进关系，各能力层次的含义是：

识记：要求考生能够对大纲各章中的知识点，如消防法规、消防法规体系、行政处罚、重大火灾隐患、失火罪等概念进行记忆和理解，不同的消防法规的适用范围、相关的方针、原则等有清晰、准确的认识，并能作出正确的判断。

领会：能对如消防法规的结构、不同的消防法规所规定的主要内容等知识有正确的理解，进而作出正确的表述。

应用：在对一些重要概念、消防安全规定与要求熟悉和深入理解的基础上，综合相关的知识点，阐释、分析相关问题。例如，分析我国消防工作方针如何体现消防工作的客观规律和工作要求；运用《消防法》所规定的公民的消防安全义务分析某一行为是否符合法律规定等。

Ⅲ 课程内容与考核要求

第一章 消防法规概述

一、教学目的与要求

学习本章的目的与要求，是了解消防法规的历史发展过程，理解消防法规的概念、消防法规体系的含义，掌握消防法规体系的具体构成。

二、课程内容

第一节 消防法规的概念与结构

一、法规的概念

二、消防法规的概念

三、消防法规的结构

第二节 消防法规的产生与发展

一、古代消防法规

二、近代消防法规

三、现代消防法规

第三节 消防法规体系

一、消防法规体系的概念

二、消防法规体系的构成

三、考核知识点与考核要求

（一）消防法规的概念与结构

识记：消防法规的概念。

领会：消防法规的结构。

（二）消防法规的产生与发展

识记：消防法规的三个发展阶段。

领会：不同发展阶段具有代表性的消防立法内容。

（三）消防法规体系

识记：消防法规体系的构成。

领会：消防法规体系的含义。

应用：不同表现形式的消防法律规范。

四、重点与难点

本章需要重点掌握的内容包括：消防法规的概念；消防法规的结构；消防法规体系的构成。

本章学习的难点是对消防法规体系含义的理解。

第二章　消　防　法

一、教学目的与要求

学习本章的目的与要求，是了解《消防法》的立法目的、适用范围，掌握消防工作的方针、原则及主要的消防法律制度。

二、课程内容

第一节　消防法概述

一、《消防法》的立法宗旨

二、《消防法》的适用范围

三、消防工作的方针

四、消防工作的原则

第二节　消防工作主体的职责

一、各级人民政府的消防工作职责

二、消防工作主管部门的消防工作职责

三、社会各单位的消防安全职责

四、公民的消防安全义务

第三节　火灾预防的相关制度

一、建设工程消防安全管理制度

二、公众聚集场所消防安全管理制度

三、消防产品的消防安全管理制度

四、其他消防安全管理制度

第四节　消防组织与灭火救援

一、消防组织的主要类型

二、公安消防队、专职消防队的职责

三、灭火救援的保障

第五节　法律责任

一、消防法律责任的概念

二、消防法律责任形式

三、消防违法行为的行政责任

三、考核知识点与考核要求

（一）消防法概述

识记：《消防法》的立法宗旨和适用范围。

领会：消防工作的原则。

应用：理解消防工作的方针。

（二）消防工作主体的职责

识记：各级人民政府及消防工作主管部门的消防工作职责。

领会：各消防工作主体的消防安全职责。

应用：①社会各单位的消防安全职责；②公民的消防安全义务。

（三）火灾预防的相关制度

识记：其他消防安全管理制度的内容。

领会：建设工程、公众聚集场所、消防产品的消防安全管理制度的主要内容。

应用：火灾预防各制度的主要内容。

（四）消防组织与灭火救援

识记：①消防组织的主要类型；②依法应当建立专职消防队的单位。

领会：①《消防法》对火灾现场扑救的组织和指挥的具体规定；②保障灭火救援的具体规定；③公安消防队、专职消防队的职责。

（五）法律责任

识记：①消防法律责任的概念；②消防违法行为承担法律责任的形式；③消防行政处罚的种类。

领会：①消防违法行为的行政责任；②适用消防行政处分的对象和违法行为。

应用：不同的消防违法行为应受的行政处罚。

四、重点与难点

本章学习的重点内容包括：机关、团体、企业、事业等单位的消防安全职责；公民的消防安全义务；火灾预防的相关制度；保障灭火救援的相关规定；消防违法行为应承担的行政法律责任。

本章学习的难点是对消防工作方针和消防工作原则的内涵及本质的理解。

第三章　消防安全相关法律

一、教学目的与要求

学习本章的目的与要求，是了解各消防安全相关法律的主要内容，理解相关的法律概念，掌握相关的法律制度和原则。

二、课程内容

第一节　行政处罚法

一、行政处罚的概念

二、行政处罚的基本原则

三、行政处罚的种类

四、行政处罚的实施机关

五、行政处罚的适用

六、行政处罚的决定程序

七、行政处罚的执行

第二节　行政强制法

一、行政强制的概念

二、《行政强制法》的适用范围

三、行政强制的原则

四、行政强制的种类

五、行政机关实施行政强制措施的相关规定

六、行政机关实施行政强制执行的相关规定

第三节　行政许可法

一、行政许可的概念

二、行政许可的基本原则

三、行政许可的种类

四、行政许可的实施

五、行政许可的撤销

第四节　行政复议法

一、行政复议的概念

二、行政复议的基本原则

三、申请行政复议的事项范围

四、行政复议参加人

五、行政复议机关与行政复议的管辖

六、行政复议程序

第五节　治安管理处罚法

一、治安管理处罚的概念

二、治安管理处罚的种类

三、治安管理处罚的适用

四、违反治安管理的行为

五、治安管理处罚的程序

三、考核知识点与考核要求

（一）行政处罚法

识记：①行政处罚的概念；②行政处罚的种类；③行政处罚的实施机关。

领会：①行政处罚的适用、执行；②行政处罚的决定程序。

应用：行政处罚的基本原则。

（二）行政强制法

识记：①行政强制的概念；②《行政强制法》的适用范围；③行政强制的种类。

领会：①行政强制的原则；②行政机关实施行政强制措施、强制执行的相关规定。

（三）行政许可法

识记：①行政许可的概念；②行政许可的种类。

领会：①行政许可的基本原则；②行政许可的监督。

应用：行政许可的实施。

（四）行政复议法

识记：行政复议的概念。

领会：①行政复议参加人；②行政复议程序；③行政复议的基本原则。

应用：①申请行政复议的事项范围；②消防行政复议的机关与管辖。

（五）治安管理处罚法

识记：①治安管理处罚的概念；②治安管理处罚的种类。

领会：①违反治安管理的行为；②治安管理处罚的适用；③治安管理处罚的程序。

四、重点与难点

本章需要重点掌握的内容包括：行政处罚的种类、基本原则、适用及行政处罚的决定程序与执行；行政强制的种类、原则；行政许可的基本原则与实施程序；行政复议的基本原则、程序及消防行政复议的机关与管辖原则；违反治安管理的行为及应当依照《治安管理处罚法》进行处罚的五种消防违法行为。

本章学习的难点内容包括：一事不再罚原则；信赖保护原则；行政复议的事项范围、参加人。

第四章　消防安全相关行政法规

一、教学目的与要求

学习本章的目的与要求，是了解各消防安全相关行政法规的主要内容，理解相关概念，掌握相关的具体规定和要求。

二、课程内容

第一节　大型群众性活动安全管理条例

一、《大型群众性活动安全管理条例》的适用范围

二、大型群众性活动安全管理的方针与原则

三、大型群众性活动的安全责任制度

四、大型群众性活动的安全许可制度

五、大型群众性活动举办过程中的安全管理措施

六、法律责任

第二节　生产安全事故报告和调查处理条例

一、《生产安全事故报告和调查处理条例》的适用范围

二、生产安全事故的分级

三、生产安全事故报告的原则

四、事故发生单位报告事故的要求

五、生产安全事故的处置要求

六、生产安全事故的调查组织与事故处理

第三节　娱乐场所管理条例

一、《娱乐场所管理条例》的适用范围

二、娱乐场所的监管主体

三、娱乐场所设立的行政许可制度

四、娱乐场所的设置要求

五、娱乐场所的安全管理要求

六、违反娱乐场所安全管理规定的法律责任

第四节　建设工程安全生产管理条例

一、《建设工程安全生产管理条例》的适用范围

二、建设工程各主体的安全生产职责

三、建设工程安全生产监督管理体制

三、考核知识点与考核要求

（一）大型群众性活动安全管理条例

识记：①《大型群众性活动安全管理条例》的适用范围；②大型群众性活动安全管理的方针与原则。

领会：①大型群众性活动的安全责任制度；②大型群众性活动的安全许可制度；③大型群众性活动举办过程中的安全管理措施及违反《大型群众性活动安全管理条例》的法律责任。

（二）生产安全事故报告和调查处理条例

识记：①《生产安全事故报告和调查处理条例》的适用范围；②生产安全事故的分级。

领会：①生产安全事故报告的原则；②生产安全事故的处置要求。

应用：生产安全事故发生单位报告事故的要求。

（三）娱乐场所管理条例

识记：①娱乐场所的概念；②娱乐场所的监管主体；③娱乐场所的设置要求。

领会：①娱乐场所设立的行政许可制度；②违反娱乐场所安全管理规定的法律责任。

应用：娱乐场所的安全管理要求。

（四）建设工程安全生产管理条例

识记：①《建设工程安全生产管理条例》的适用范围；②建设工程安全生产主体的范围。

领会：建设工程安全生产主体的职责。

四、重点与难点

本章需要重点掌握的内容包括：大型群众性活动的安全责任制度内容及法律责任；生产安全事故报告的原则及事故发生单位报告事故的程序要求；娱乐场所的概念及安全管理要求；建设工程安全生产主体及其职责。

本章学习的难点是大型群众性活动的安全许可制度，要在了解《行政许可法》对于行政许可的程序要求基础上，进一步掌握大型群众性活动安全许可的流程。

第五章　消防行政规章

一、教学目的与要求

学习本章的目的与要求，是了解各消防行政规章的主要内容，理解和掌握相关的具体规定和要求。

二、课程内容

第一节　机关、团体、企业、事业单位消防安全管理规定

一、《机关、团体、企业、事业单位消防安全管理规定》的适用范围

二、单位各消防安全责任主体的消防安全职责

三、单位的消防安全制度

第二节　公共娱乐场所消防安全管理规定

一、《公共娱乐场所消防安全管理规定》的适用范围

二、公共娱乐场所的消防安全许可

三、公共娱乐场所的消防安全要求

第三节　社会消防安全教育培训规定
一、《社会消防安全教育培训规定》的适用范围
二、消防安全教育培训的内容
三、消防安全教育培训的要求
四、消防安全教育培训机构
第四节　建设工程消防监督管理规定
一、《建设工程消防监督管理规定》的适用范围
二、建设工程消防质量责任主体及其责任
三、建设工程消防设计审核、消防验收与备案抽查
四、建设工程消防监督管理工作要求
五、建设工程消防监督管理中的相关法律责任
第五节　消防监督检查规定
一、《消防监督检查规定》的适用范围
二、消防监督检查的形式和内容
三、消防监督检查的程序
第六节　火灾事故调查规定
一、《火灾事故调查规定》的适用范围
二、火灾事故调查的任务与原则
三、火灾事故调查的管辖
四、火灾事故调查的程序

三、考核知识点与考核要求

（一）机关、团体、企业、事业单位消防安全管理规定

识记：《机关、团体、企业、事业单位消防安全管理规定》的适用范围。

领会：单位各消防安全责任主体的消防安全职责。

应用：单位的消防安全制度。

（二）公共娱乐场所消防安全管理规定

识记：《公共娱乐场所消防安全管理规定》的适用范围。

领会：公共娱乐场所的消防安全许可要求。

应用：公共娱乐场所的消防安全要求。

（三）社会消防安全教育培训规定

识记：《社会消防安全教育培训规定》的适用范围。

领会：消防安全教育培训机构的成立条件及从业要求。

应用：①消防安全教育培训的内容；②消防安全教育培训的要求。

（四）建设工程消防监督管理规定

识记：①《建设工程消防监督管理规定》的适用范围；②建设工程消防质量责任主体及其责任。

领会：①建设工程消防监督管理工作要求；②建设工程消防监督管理中的相关法律责任；③建设工程消防设计审核、消防验收与消防备案。

（五）消防监督检查规定

识记：①《消防监督检查规定》的适用范围；②消防监督检查的形式。

领会：①消防监督检查的内容；②消防监督检查的程序。

（六）火灾事故调查规定

识记：①《火灾事故调查规定》的适用范围；②火灾事故调查的任务与原则。

领会：①火灾事故调查的管辖；②火灾事故调查的程序。

四、重点与难点

本章需要重点掌握的内容包括：单位各消防安全责任主体的消防安全职责；公共娱乐场所的消防安全要求；建设工程消防设计审核、消防验收工程范围；消防监督检查的形式；火灾事故调查的任务。

本章学习的难点内容包括：消防安全制度；消防安全教育培训的内容及要求。

第六章　消防管理标准

一、教学目的与要求

学习本章的目的与要求，是了解各消防管理标准的主要内容，理解和掌握相关概念、消防安全要求和方法等。

二、课程内容

第一节　人员密集场所消防安全管理

一、《人员密集场所消防安全管理》的适用范围

二、人员密集场所产权、使用或委托管理单位及相关人员的消防安全职责

三、主要的消防安全制度

四、典型人员密集场所的消防安全措施

第二节　重大火灾隐患判定方法

一、重大火灾隐患的概念

二、《重大火灾隐患判定方法》的适用范围

三、重大火灾隐患的判定方法

第三节　消防产品现场检查判定规则

一、《消防产品现场检查判定规则》的适用范围

二、消防产品的市场准入检查

三、消防产品质量现场检查

第四节　建设工程消防验收评定规则

一、《建设工程消防验收评定规则》的适用范围

二、建设工程消防验收的内容

三、建设工程消防验收评定

四、建设工程局部验收

三、考核知识点与考核要求

（一）人员密集场所消防安全管理

识记：《人员密集场所消防安全管理》的适用范围。

领会：①各项消防安全制度；②典型人员密集场所的消防安全措施。

应用：人员密集场所相关人员的消防安全职责。

（二）重大火灾隐患判定方法

识记：①《重大火灾隐患判定方法》的适用范围；②重大火灾隐患的概念。

领会：重大火灾隐患的判定方法。

（三）消防产品现场检查判定规则

识记：①《消防产品现场检查判定规则》的适用范围；②消防产品的市场准入检查项目与判定规则。

领会：消防产品质量现场检查。

（四）建设工程消防验收评定规则

识记：①《建设工程消防验收评定规则》的适用范围；②建设工程消防验收的内容。

领会：①建设工程消防验收评定；②建设工程局部验收。

四、重点与难点

本章需要重点掌握的内容包括：人员密集场所相关人员的消防安全职责、消防安全制度；重大火灾隐患的概念及判定方法；消防产品市场准入检查的项目、现场检查的内容；建设工程消防验收的内容以及验收评定程序。

本章学习的难点是人员密集场所防火巡查和防火检查制度。理解防火巡查和防火检查制度主要是从两项制度的内容特点出发，在比较中进一步掌握这两项制度。

第七章　消防刑事犯罪及刑事责任

一、教学目的与要求

学习本章的目的与要求，是理解失火罪、消防责任事故罪、重大责任事故罪的概念及其刑事责任，掌握每类犯罪的构成要件特征。

二、课程内容

第一节　失火罪

一、失火罪的概念

二、失火罪的构成要件

三、失火罪的刑事责任

第二节　消防责任事故罪

一、消防责任事故罪的概念

二、消防责任事故罪的构成要件

三、消防责任事故罪与失火罪的比较

四、消防责任事故罪的刑事责任

第三节　重大责任事故罪

一、重大责任事故罪的概念

二、重大责任事故罪的构成要件

三、重大责任事故罪与失火罪、消防责任事故罪的比较

四、重大责任事故罪的刑事责任

三、考核知识点与考核要求

（一）失火罪

识记：①失火罪的概念；②失火罪的刑事责任即刑事处罚。

领会：失火罪的构成要件。

（二）消防责任事故罪

识记：①消防责任事故罪的概念；②消防责任事故罪的刑事责任即刑事处罚。

领会：消防责任事故罪的构成要件。

应用：消防责任事故罪与失火罪的比较。

（三）重大责任事故罪

识记：①重大责任事故罪的概念；②重大责任事故罪的刑事责任即刑事处罚。

领会：重大责任事故罪的构成要件。

应用：重大责任事故罪与失火罪、消防责任事故罪的比较。

四、重点与难点

本章需要重点掌握的内容包括：失火罪、消防责任事故罪、重大责任事故罪的概念及其刑罚。

本章的学习难点是：失火罪、消防责任事故罪、重大责任事故罪的犯罪构成要件。

Ⅳ 关于大纲的说明与考核实施要求

一、考试大纲的目的和作用

《消防法规》自学考试大纲是根据专业考试计划的要求，结合自学考试的特点而确定的。其目的是对个人自学、社会助学和课程考试命题进行指导和规定。

《消防法规》自学考试大纲明确了课程学习的内容以及深广度，规定了课程自学考试的范围和标准。因此，它是编写自学考试教材和辅导书的依据，是社会助学组织进行自学辅导的依据，是自学者自习教材、掌握课程内容知识范围和程度的依据，也是进行自学考试命题的依据。

二、课程自学考试大纲与教材的关系

《消防法规》自学考试大纲是进行学习和考核的依据，教材是学习掌握课程知识的基本内容与范围，教材的内容是大纲所规定的课程知识和内容的扩展与发挥。

三、关于自学教材

《消防法规》，全国高等教育自学考试指导委员会组编，白风领主编，机械工业出版社出版，2014 年版。

四、关于自学要求和自学方法的指导

本课程共 3 学分。

本大纲的课程基本要求是依据专业考试计划和专业培养目标而确定的。课程基本要求还明确了课程的基本内容，以及对基本内容掌握的程度。基本要求中的知识点构成了课程内容的主体部分。

为有效地指导个人自学和社会助学，本大纲已指明了课程的重点和难点，在章节的基本要求中一般也指明了章节内容的重点和难点。

1. 在全面、系统学习的基础上掌握基础知识、消防法规的基本框架和各主要消防法规的具体内容。本课程的知识范围广泛，各章之间既有联系又有区别，具有系统性、连贯性和相对独立性。自学应考者首先应全面、系统地学习各章，记忆应当识记的基本概念、名词，深入理解，弄懂内涵。其次，要明确本课程的结构框架，认识各章之间的联系，注意区分相近的概念和相类似的问题，并掌握它们之间的联系。最后，在全面、系统学习的基础上掌握重点，有目的地深入学习重点章节。但切忌在没有全面学习教材的情况下孤立地去抓重点。

2. “消防法规”是一门理论性很强的应用型学科。它对于消防管理的实践有重要的指导意义。要学好这门课程，必须贯彻理论联系实际的原则，注意结合消防工作中的实际现象，与所学的消防法规内容相对照，由感性认识上升为理性认识，使所学的知识转化为分析问题和解决问题的能力。

五、对社会助学的要求

1. 帮助自学者掌握本课程的重点内容，理解难点内容，形成系统的知识体系。助学者在辅导时应帮助自学者在全面掌握全部考试内容的基础上，对重点内容进行梳理和讲解，对难点问题进行细致分析。

2. 注意培养自学者应用知识的能力。消防法规的应用性比较强，助学者在帮助自学者掌握考核内容的过程中，应强调理论联系实际，运用一些实例培养自学者对消防法规的学习兴趣，以深入理解法规内容，培养自学者分析消防管理具体问题的能力。

3. 建议每学分 2 ~ 3 个助学学时。

六、对考核内容的说明

1. 本课程要求考生学习和掌握的知识点内容都作为考核的内容。课程中各章的内容均由若干知识点组成，在自学考试中成为考核知识点。因此，课程自学考试大纲中所规定的考试内容是以分解为考核知识点的方式给出的。由于各知识点在课程中的地位、作用以及知识自身的特点不同，自学考试将对各知识点分别按三个认知层次确定其考核要求。

2. 在考试之日起 6 个月前，由全国人民代表大会和国务院颁布或修订的法律、法规都将列入相应课程的考试范围。凡大纲、教材内容与现行法律、法规不符的，应以现行法律、法规为准，此部分内容所占比例约为 10%。命题时也会对我国消防工作的重大方针政策的变化予以体现。

3. 按照重要性程度不同，考核内容分为重点内容和一般内容，在本课程试卷中对不同考核内容要求的分数比例大致为：重点内容占 60% ~70%，一般内容占 30% ~40%。

七、关于考试命题的若干规定

1. 本课程为闭卷笔试。满分为 100 分，60 分为及格线。考试时间为 150 分钟。除规定用笔外，不需要携带其他工具。

2. 本大纲各章所规定的基本要求、知识点及知识点下的知识细目，都属于考核的内容。考试命题既要覆盖到章，又要避免面面俱到。要注意突出课程的重点内容，加大重点内容的覆盖度。

3. 命题不应有超出大纲中考核知识点范围的题，考核目标不得高于大纲中所规定的相应的最高能力层次要求。命题应着重考核自学者对基本概念、基本知识和基本理论是否了解或掌握，对基本方法是否会用或熟练。不应出与基本要求不符的偏题或怪题。

4. 本课程在试卷中对不同能力层次要求的分数比例大致为：识记占 30% ~40%，领会占 30% ~40%，应用占 30% ~40%。

5. 要合理安排试题的难易程度，试题的难度可分为：易、较易、较难和难四个等级。每份试卷中不同难度试题的分数比例一般为：2:3:3:2。

必须注意的是，试题的难易程度与能力层次有一定的联系，但二者不是等同的概念。在各个能力层次中对于不同的考生都存在着不同的难度。

6. 本课程考试命题的主要题型有单项选择题、简答题、分析论述题、案例分析题等题型。各种题型的具体形式，可参见本大纲的题型举例部分。

Ⅴ 题型举例

一、单项选择题（在每题后的四个选项中只有一个正确答案，请将其选出并将其代码填写在题后的括号内，多选、错选或不选均不得分）

关于报告火警，下列表述正确的是（　　）

A. 任何人发现火灾时都应当立即报警　　B. 只能通过电话报警

C. 只能由成年公民报警　　D. 单位发生火灾只能逐级报告火警

二、简答题

简述公民的消防安全义务。

三、分析论述题

如何理解我国消防工作方针所体现的消防工作要求。

四、案例分析题

某单位未经公安机关消防机构许可，擅自将该单位一幢高层办公楼的地下一层的部分区域（约 $500m^2$）用途变更，改造装修成卡拉 OK 厅，并开业投入使用，该卡拉 OK 厅通往地面的安全出口只有一个。请分析材料中有哪些消防违法行为？

后　记

本大纲是根据全国高等教育自学考试指导委员会电子电工与信息类专业委员会制定的《高等教育自学考试消防管理专业（专科）考试计划》和全国高等教育自学考试指导委员会《关于修订高等教育自学考试课程自学考试大纲的几点意见》的精神制定的。

本大纲提出初稿后，曾聘请专家通审，并由电子电工与信息类专业委员会在河北廊坊组织召开审稿会进行审稿，根据审稿意见由编者作了修改，最后由电子电工与信息类专业委员会定稿。

本大纲由白凤领教授负责编写。参加审稿并提出修改意见的有李佑标教授（中国人民武装警察部队学院，主审）、叶年忠高级工程师（江苏省公安消防总队）、徐桦高级工程师（天津市公安消防总队）。

对参与本大纲编写和审稿的各位专家表示感谢。

全国高等教育自学考试指导委员会
电子电工与信息类专业委员会
2014 年 1 月

全国高等教育自学考试指定教材
消防管理专业（专科）

消防法规

全国高等教育自学考试指导委员会　组编

编者的话

为了适应新时期高等教育自学考试的要求，全国高等教育自学考试指导委员会电子电工与信息类专业委员会决定编写《消防法规》自学考试教材。本书在编写的过程中，以我国宪法和各项消防法律规范为依据，紧密围绕消防工作实际和消防业务需求，内容力求涵盖消防工作所涉及的主要消防法规。

本书根据自学考生的学习特点，在突出各章节的重点和难点的同时，做到观点鲜明、表述清晰、易懂易记、简明扼要，力求增加教材的可读性和实用性。

本书由中国人民武装警察部队学院白凤领教授担任主编。全书共七章，具体编写分工如下：第一、七章由高瑞霞编写，第二章由白凤领编写，第三章由杨殿波编写，第四、六章由周挽黎编写，第五章由赵秀雯编写。

本书在编写过程中，参阅了同行的文献资料，谨在此深表谢意。

由于编者水平有限，书中难免有不足之处，敬请广大读者批评指正。

编　者

2014 年 1 月

第一章　消防法规概述

学习目标

1. 应了解、知道的内容：

◇ 消防法规的历史发展过程。

◇ 不同发展阶段具有代表性的消防立法内容。

◇ 消防标准的不同分类方式。

2. 应理解、清楚的内容：

◇ 消防法规的基本结构。

◇ 消防法规体系的概念。

3. 应掌握、会用的内容：

◇ 消防法律规范的不同表现形式。

4. 应熟练掌握的内容：

◇ 消防法规的概念。

◇ 消防法规体系的构成。

自学时数　2 学时。

老师导学

本章在提出消防法规概念的基础上，阐释了其特点和结构；然后结合消防法规的历史发展过程介绍了不同发展阶段具有代表性的消防立法内容；接下来详细阐释了消防法规体系的构成并列举了主要的法律规范。本章的内容主要是对消防法规作一个全面介绍。在本章的学习中，应重在对相关概念的理解，熟悉消防法规体系。

第一节　消防法规的概念与结构

一、法规的概念

“法规”一词有广义和狭义两种含义。广义的法规，是指法或法律规范，包括宪法、法律、行政法规、地方性法规、国务院部门规章和地方政府规章等规范性文件的总称。狭义的法规，是指国家行政机关或有立法权的地方人民代表大会及其常务委员会根据宪法和法律制定的规范性文件。根据我国《宪法》《立法法》和《行政法规制定程序条例》的相关规定，有权根据宪法和法律制定规范性文件的国家行政机关或有立法权的地方人民代表大会及其常务委员会包括：国务院，省、自治区、直辖市的人民代表大会及其常务委员会，省会、自治区首府和国务院批准的较大市的人民代表大会及其常务委员会。依照《宪法》和法律的规定，国务院制定的规范性文件，称为行政法规；省、自治区、直辖市的人民代表大会及其常务委员会制定的规范性文件，以及省会、自治区首府和国务院批准的较大市的人民代表大会及其常务委员会制定的规范性文件，称为地方性法规。可见，狭义的法规有两种，即行政法规和地方性法规。

二、消防法规的概念

消防法规，是指国家依法定程序制定和颁布的有关消防安全方面内容的法律、行政法规、地方性法规、行政规章和消防标准等规范性文件的总称。可见，消防法规是广义的法规。消防法规是为了预防火灾和减少火灾危害，保障社会消防安全的法律规范。它规定了人们在生产、工作和生活中所应遵循的用火、防火、灭火规则和标准，规定了政府及政府部门、社会各单位有关消防工作的基本原则和消防安全职责，是公民、国家机关、社会团体、企业、事业等单位在从事生产、工作和生活的诸项活动时，涉及消防安全活动的基本准则。

三、消防法规的结构

消防法规的结构通常包括适用条件部分、行为模式部分和法律后果部分。

（一）适用条件部分

消防法规的适用条件部分，是指消防法规中规定的适用该法规的条件内容。例如，《北京市消防条例》第2条规定："本市行政区域内的机关、团体、企业、事业等单位及个人，应当遵守本条例"；第92条规定："本条例自2011年9月1日起施行"。这两个条款，规定了适用《北京市消防条例》的地域、人员以及时间上的适用条件内容。

（二）行为模式部分

消防法规的行为模式部分，是指消防法规中规定的人们的消防安全行为准则或标准等方面的内容。其中包括：

（1）义务行为　义务行为，是指主体应做的行为。

（2）禁止行为　禁止行为，是指主体不应做的行为。

（3）授权行为　授权行为，是指主体可以做的行为或可以不做的行为。

例如，《消防法》第44条中的"任何人发现火灾都应当立即报警。任何单位、个人都应当无偿为报警提供便利，不得阻拦报警。严禁谎报火警"，就同时规定了义务行为和禁止行为；《火灾事故调查规定》第35条中的"当事人对火灾事故认定有异议的，可以自火灾事故认定书送达之日起15日内，向上一级公安机关消防机构提出书面复核申请；对省级人民政府公安机关消防机构作出的火灾事故认定有异议的，向省级人民政府公安机关提出书面复核申请"，则规定了授权行为。

（三）法律后果部分

消防法规的法律后果部分，是指消防法规中规定的人们的行为符合或违反该法规的规定时，将会产生某种可以预见的结果方面的内容。其中包括：

（1）肯定性法律后果　肯定性法律后果，是指主体履行法定的消防安全义务，得到容许或奖励的后果。例如，《消防法》第7条"对在消防工作中有突出贡献的单位和个人，应当按照国家有关规定给予表彰和奖励"的规定，即为肯定性法律后果。

（2）否定性法律后果　否定性法律后果，是指主体不履行法定的消防安全义务或违反消防安全规定，即对义务行为不作为、对禁止行为作为，得到批评或惩罚的后果。例如，《消防法》中的"第六章　法律责任"一章就具体规定了不履行法定的消防安全义务或违反消防安全规定的否定性法律后果。

第二节　消防法规的产生与发展

据考证，人类用火最早的历史可以追溯到我国元谋人和西侯度人，距今大约170～180万年。人类学会用火，是跨入文明世界的一个重要标志。火既可以服从人们的意志，造福于人类，也会违背人们的意愿，造成很大的危害。古人说过：火“善用之则为福，否之则为祸”。所以，在人类社会的发展过程中，为了保障生产、生活以及人类自身的安全，人们想到要通过立法、建立相关的制度来控制火灾事故。纵观我国消防法制的历史，可以看出消防法规的产生是社会生产力发展、物质条件变化的结果，是同生产力发展水平和人民生活水平相适应的。消防法规从无到有，从简单到完备，经历了一个长期的发展过程。其主要经历了以下三个发展阶段：

一、古代消防法规

我国最早的消防安全立法，可追溯到商周时期的“殷王法”，其中有“弃灰于公道者断其手”的条款。这是我国有文字记载的使用刑罚手段管理火政的最早的消防法规内容。周朝规定：“凡国失火，野焚莱（烧荒），则有刑罚焉。”之后，随着各朝代法律制度的发展，消防法规的内容不断完备与丰富。例如，西晋时期的《晋律》和南北朝时期北周制定的《大律》中都有“水火”篇。唐朝的《永徽律》中有关火灾刑罚的条款共七条，对违反防火与灭火法令和失火、放火等各种违法行为都作了具体的刑罚规定。宋朝治火在沿用唐朝规定的基础上，对失火犯、放火犯和灭火失职者给予严厉制裁，规定：“放火者斩，仍没其家；遗（失）火烧屋宇、军幕及财物积聚通计钱二贯足以上者斩；军中有火除救火人外皆严备，若辄（擅）离本职部队者斩。”明朝的刑律较前朝更加完备，明确区分了失火罪和放火罪，补充了看守人员趁失火之机侵吞财物者以监守自盗论罪等条款，并强调对放火犯必须查获证据，以防诬陷、不实之词。清朝的《大清律例》中有关火灾的刑罚内容和刑罚办法与《大明律》基本相同。同时地方政府根据需要制定颁布的地方法规中出现了消防法规的内容，如乾隆十七年（1752年），浙江官府制定的《治浙成规》中有加强城镇防火管理的条款，这也是我国较早的规范城镇防火的一部地方性法规。

二、近代消防法规

鸦片战争以后，由于工业和交通业的发展，化学危险品、炸药及用电、用气、用油设备等火灾越来越多，为了加强防火管理，光绪三十三年（1908年）的《刑律草案》中，增加了对工业、化学危险品、用电用气设备等失火、放火罪的刑罚的新内容。后来又颁布了《违警律草案》，列出六项有关消防违警罪的处罚规定，如拘留、罚款等内容。中华民国时期，国民党政府先后颁布的《中华民国刑法》和《违警罪法》都有消防的条款，扩大了刑罚面，加重了罚金和有期徒刑。消防组织、防火管理以及火灾统计等方面都有相应的规定。例如，规定各地每发生一起火灾，均应填写火警登记册，并按月填报火灾登记报告表，每半年汇报总部。为了加强城镇防火管理，针对当时煤油、汽油、鞭炮、火柴生产和使用越来越多的情况，各地还制定了一些专业性防火法规，如《青岛市取缔煤油业规则》《首都警察厅取缔制造花爆业规则》《上海市公安局火柴营业取缔规则》。

三、现代消防法规

我国消防法规形成体系是在新中国成立以后。在此之前，历朝历代对消防工作的立法内容虽然都有不同程度的发展，但都没有形成完善的消防法律制度，其重点一般是针对灭火的规定和发生火灾以后的治罪上。新中国成立后，国家根据不同时期社会发展的需要，在不断探索火灾规律和总结消防安全工作经验的基础上，先后制定颁布了一系列规范消防安全的法规，逐步走上了依法治火、依法管理的轨道，使社会消防安全水平逐步提高。按照时间顺序，自新中国成立至今，比较重要的相关消防立法包括：

（1）1957 年颁布的《消防监督条例》 该条例对消防监督工作的主体及其职责、社会单位消防安全工作的管理、消防队伍建设、违反消防规定的处罚等作了原则性的规定。该条例是新中国成立以来第一个全国性的消防基本法律，该条例的颁布标志着我国现代消防监督管理制度的确立。

（2）1979 年颁布的《刑法》 该法对失火罪、放火罪以及重大责任事故罪等与消防有关的消防刑事犯罪作了规定。在其后 1997 年修订的《刑法》中，除原有规定外，还增加了消防责任事故罪。该法对于制裁严重的消防违法行为、维护社会消防安全秩序发挥了重要作用。

（3）1984 年颁布的《消防条例》 该条例是在 1957 年颁布的《消防监督条例》的基础上修改、充实而成的，并更名为《消防条例》。该条例首次确立了“预防为主，防消结合”为我国消防工作的方针，确立了在县级以上公安机关设立消防监督机构并负责消防监督工作，对火灾的预防、扑救和消防监督管理等作了原则规定。

（4）1998 年颁布的《消防法》 该法对我国消防工作的原则、火灾预防、消防组织、灭火救援及法律责任等作出了规定。该法是我国改革开放后颁布的一部全面规范消防安全工作的专门法律，对于调整我国社会转型期的各项消防安全工作和各类消防安全法律关系发挥了重要作用。该法的颁布是我国消防法制建设史上具有里程碑意义的一件大事，标志着我国消防工作向法治时代迈进。2008 年我国根据消防工作和社会发展的需要对《消防法》进行了修订并重新公布实施，调整了部分消防安全管理制度，强化和规定了消防责任主体的消防责任，增加了监督检查的内容。

（5）2001 年发布的《机关、团体、企业、事业单位消防安全管理规定》（公安部令第 61 号） 该规定对机关、团体、企业、事业单位的消防安全职责和消防管理要求等作了规定。尽管该规定只是公安部制定的部门行政规章，但它是我国第一部专门规范社会单位消防安全管理的规范性文件，明确了社会单位消防管理的主体地位，为社会单位自我消防管理提供了法律依据，为科学的消防管理机制的构建奠定了法制基础。

第三节 消防法规体系

一、消防法规体系的概念

消防法规体系，是指由一系列消防法律规范所组成的统一整体。其包含以下两层含义：

（1）消防法规体系是由各种表现形式的法律规范构成的 这些法律规范的具体表现形

式有：宪法、消防法律、消防行政法规、地方性消防法规、部门消防规章、地方政府消防规章和消防标准等。

（2）构成消防法规体系的各种表现形式的法律规范是一个相互联系和相互制约的有机整体　从具体的消防法律规范上看，它是单个的；从消防法规体系上看，各个消防法律规范又是消防法规体系不可分割的组成部分。消防法律规范的层级、内容和形式虽然有所不同，但是它们之间却是相互依存、相互联系的。

二、消防法规体系的构成

（一）宪法

《宪法》是国家的根本法，具有最高的法律地位和法律效力，是一国消防安全法律体系框架的最高层级。我国《宪法》中关于“国家维护社会秩序，镇压叛国和其他危害国家安全的犯罪活动，制裁危害社会治安、破坏社会主义经济和其他犯罪的活动”的规定，以及“公民有维护祖国的安全、荣誉和利益的义务，不得有危害祖国的安全、荣誉和利益的行为”的规定，是我国消防安全方面最高法律效力的规定。此外，《宪法》中关于国家行政机关活动基本原则的规范、关于国家行政机关组织和职权的规范，也是消防管理活动所应遵守的法律规范。

（二）消防法律

消防法律有广义和狭义之分，这里专指狭义的消防法律，即拥有立法权的国家权力机关依照立法程序制定的规范性文件。消防法律，是指由全国人民代表大会及其常务委员会依照法定权限和程序制定和批准的有关消防工作的规范性文件。包括以下两部分：

1. 消防安全专门法律

《消防法》是目前我国全面规范消防安全的专门性法律，在消防法规体系中占有极其重要的地位。《消防法》是消防法律的主体，该法是保障社会消防安全，进行消防管理工作的最主要的依据，是维护消防安全管理秩序的有力的法律武器。

2. 与消防安全相关的法律

消防工作涉及社会生活的方方面面，《消防法》不能也不可能规范所有相关问题，消防工作有条不紊地进行还需要其他相关法律配合施行。这些法律主要有《刑法》（其中，涉及消防的刑事犯罪条款主要在《刑法》分则第二章危害公共安全罪，分则第三章破坏社会主义市场经济秩序罪，分则第九章渎职罪）、《安全生产法》《产品质量法》《城乡规划法》《建筑法》《突发事件应对法》《森林法》《草原法》等，以及国家行政管理的通用法律，如《治安管理处罚法》《行政处罚法》《行政许可法》《行政强制法》《行政诉讼法》《行政复议法》《国家赔偿法》《行政监察法》等。

（三）消防行政法规

消防行政法规，是指国务院为领导和管理国家消防行政工作，根据宪法和法律，并且按照《行政法规制定程序条例》的规定而制定的规范性文件。主要有：适用于森林、草原消防工作的《森林防火条例》《草原防火条例》以及与消防安全相关的《生产安全事故报告和调查处理条例》《大型群众性活动安全管理条例》《娱乐场所管理条例》《危险化学品安全管理条例》《民用爆炸物品安全管理条例》《建设工程安全生产管理条例》《民用核设施安全监督管理条例》《烟花爆竹安全管理条例》等。

（四）地方性消防法规

地方性消防法规，是指地方有立法权的人民代表大会及其常务委员会依照宪法、法律、行政法规，为规范本地区消防工作而制定的规范性文件，如《山西省消防条例》《山东省消防条例》等。

自治条例和单行条例是地方性法规中的特例。根据《宪法》规定，民族自治地方（包括自治区、自治州、自治县）的人民代表大会有权依照当地的政治、经济、文化的特点制定自治条例和单行条例，并报上一级人民代表大会常务委员会批准后生效。自治条例和单行条例仅限于民族区域内施行。自治条例和单行条例的效力相当于地方性法规，在自治条例和单行条例中也有部分内容涉及消防事务。

（五）消防行政规章

消防行政规章，是指国务院各部委和有立法权的地方人民政府依照宪法、法律、行政法规和本省、自治区、直辖市的地方法规制定的消防规范性文件。根据我国《宪法》和《立法法》的相关规定，有立法权的地方人民政府包括：省、自治区、直辖市人民政府，省会、自治区首府和国务院批准的较大市的人民政府。国务院各部委制定的规范性文件，称为国务院部门规章；省、自治区、直辖市人民政府制定的规范性文件，以及省会、自治区首府和国务院批准的较大市的人民政府制定的规范性文件，称为地方政府规章。因此，消防行政规章包括由国务院各部委制定的部门消防规章和有立法权的地方人民政府制定的地方政府消防规章。

部门消防规章，主要以公安部制定为主，其他部委制定为辅。例如，公安部发布的《机关、团体、企业、事业单位消防安全管理规定》《公共娱乐场所消防安全管理规定》《建设工程消防监督管理规定》《消防监督检查规定》《火灾事故调查规定》《消防产品监督管理规定》等；公安部、原劳动部（现为人力资源和社会保障部）、国家统计局联合发布的《火灾统计管理规定》，教育部、民政部等多个部门联合发布的《社会消防安全教育培训规定》等。

地方政府消防规章，是普遍适用于地方政府所在地区消防管理的规范性文件，通常是有关消防管理的专门性法律规范，如北京市人民政府发布的《北京市实施〈森林防火条例〉办法》《北京市体育馆（场）防火安全管理规定》等。

（六）消防标准

标准，一般是指以科学、技术和实践经验的综合成果为基础，经有关方面协商一致，由主管机构批准，以特定形式发布，共同遵守的准则和依据。消防标准，则是指在消防领域共同遵守的准则和依据。

从严格的立法程序角度来看，标准不属于法的范畴，本身不具有执行力，其效力是通过法律法规实现的。消防标准一旦成为法律规定必须执行的技术规范，就具有了法律上的地位和效力，执行消防标准是相关单位和人员的法定义务，违反法定消防标准的要求，同样要承担法律责任。例如，《消防法》规定，建设工程的消防设计、施工必须符合国家工程建设消防技术标准，如果有关单位不执行这一规定，就要依据消防法规的规定给予相应的处罚，而不是依据消防技术标准实施处罚。

按照不同的分类方式，消防标准可作如下分类：

1. 根据制定主体的不同分类

（1）国家标准　国家标准由国务院标准化行政主管部门批准发布并在全国范围内适用。例如，《建筑设计防火规范》（GB 50016—2006）、《气体灭火系统施工及验收规范》（GB 50263—2007）、《泡沫灭火剂》（GB 15308—2006）、《公共场所阻燃制品及组件燃烧性能要求和标识》（GB 20286—2006）。

（2）行业标准　行业标准又称部门标准，由国务院有关行政主管部门在没有国家标准的情况下，为了在全国某个行业范围内统一有关技术要求而制定，在本行业范围内适用。例如，《消防产品现场检查判定规则》（GA 588—2012）、《人员密集场所消防安全管理》（GA 654—2006）、《消防梯通用技术条件》（GA 137—2007）。制定行业标准，必须报国务院标准化行政主管部门备案，在相应的国家标准公布实施之后，该项行业标准即行废止。

（3）地方标准　地方标准由省、自治区、直辖市标准化行政主管部门在没有国家标准和行业标准的情况下，为了在本辖区范围内统一有关技术要求而制定，在本行政区域范围内适用。例如，广东地方标准《细水雾灭火系统设计、施工及验收规范》（DBJ/T 15—41—2005）、上海地方标准《重点单位重要部位安全技术防范系统要求系列标准》（DB 31—329—2005）、重庆地方标准《重庆市坡地高层民用建筑设计防火规范》（DB 50/5031—2004）。制定地方标准，必须报国务院标准化行政主管部门和国务院有关行政主管部门备案，在相应的国家标准或者行业标准公布实施之后，该项地方标准即行废止。

（4）企业标准　企业标准是企业生产的产品在没有国家标准和行业标准的情况下，由企业制定的标准，企业以此作为组织生产的依据。企业的产品标准必须报当地政府标准化行政主管部门和有关行政主管部门备案。已有国家标准或者行业标准的，国家鼓励企业制定严于国家标准或者行业标准的企业标准，在企业内部适用。在没有国家标准和行业标准的情况下，企业标准就是判定该企业产品是否合格的依据。当企业标准高于国家标准或行业标准时，企业产品承诺的企业标准就是判定该企业产品是否合格的依据，而不是国家标准或行业标准。

2. 根据内容分类

（1）基础标准　基础标准是规范消防基本术语、基本方法、基本概念的标准。例如，《火灾分类》（GB 4968—2008）。

（2）工程技术标准　工程技术标准是规范建筑、库房、桥梁、涵洞以及消防设施等建设工程的设计、施工和验收等方面的标准。例如，《高层民用建筑设计防火规范》（GB 50045—2005）、《人民防空工程设计防火规范》（GB 50098—2009）、《火灾自动报警系统设计规范》（GB 50116—2013）。

（3）产品标准　产品标准是规范固定灭火系统、灭火剂、消防车、防火材料、建筑构件、灭火器、消防装备等消防产品的技术参数、性能要求、检测试验以及使用维护等方面的标准。例如，《消防员隔热防护服》（GA 634—2006）、《独立式感烟火灾探测报警器》（GB 20517—2006）。

（4）管理标准　管理标准是规范消防安全管理方面的标准，既包括社会单位和公民个人自我管理方面的标准，又包括公安机关消防机构等消防行政管理主体对社会消防工作实施监督检查以及内部管理等方面的标准。例如，《人员密集场所消防安全管理》（GA 654—2006）、《住宿与生产储存经营合用场所消防安全技术要求》（GA 703—2007）、《消防产品现场检查判定规则》（GA 588—2012）、《重大火灾隐患判定方法》（GA 653—2006）、《建设工程消防验收评定规则》(GA 836—2009)、《消防监督检查员岗位资格条件》(GA/T 707—2007)。

3. 根据标准的强制约束力不同分类

(1) 强制性标准　强制性标准，是指在一定范围内通过法律、行政法规等强制手段加以实施的标准。对于强制性标准，无论是建设、设计、施工、生产、销售、使用的单位和个人，还是公安机关消防机构、规划、建设等行政主管部门，都必须执行。我国绝大部分消防标准都属于强制性标准。

(2) 推荐性标准　推荐性标准又称非强制性标准，是指在生产、交换、使用方面，通过经济手段调节而自愿采用的一类标准。是否采用这类标准由单位自己决定。对生产性企业而言，一旦承诺采用某推荐性标准，其产品就必须符合该标准，否则，为不合格产品。我国的消防技术标准只有少部分属于推荐性标准。

自学指导

本章学习重点：消防法规的概念，消防法规的结构，消防法规体系的构成

1. 消防法规是从广义上的法规而言的，它包括国家依法定程序制定和颁布的有关消防工作的各种法律、行政法规、地方性法规、行政规章以及消防标准等。

2. 消防法规的结构包括：适用条件部分、行为模式部分、法律后果部分。

3. 消防法规体系的构成包括：宪法、消防法律、消防行政法规、地方性消防法规、消防行政规章、消防标准等。

本章学习难点：消防法规体系的含义

消防法规体系，是指由一系列消防法律规范所组成的统一整体。理解消防法规体系的含义主要把握两点：①消防法规体系是由宪法、消防法律、消防行政法规、地方性消防法规、部门消防规章、地方政府消防规章和消防标准等各种表现形式的法律规范构成的；②这些不同表现形式的法律规范之间是相互联系和相互制约的，从而构成了一个有机的消防法规整体。

复习思考题

一、单项选择题（每题设四个选项，其中只有一个正确答案，将其选出并将代表它的ABCD填写在题后的括号内，多选、错选或不选均不得分）

1. 与消防有关的“弃灰于公道者断其手”的法律条款出现在（　　）。

A. 商周时期的“殷王法”　　B. 西晋时期的《晋律》

C. 南北朝时期的《大律》　　D. 唐朝的《永徽律》

2. 新中国成立以来第一部全国性的消防基本法律是（　　）。

A.《消防条例》　　B.《消防监督条例》

C.《消防法》　　D.《消防监督程序规定》

3. 下列属于消防行政法规的是（　　）。

A.《危险化学品安全管理条例》　　B.《安全生产法》

C.《消防监督检查规定》　　D.《公共娱乐场所消防安全管理规定》

二、填空题（将正确的答案填写在括号中）

1. 消防法规的结构通常包括：适用条件部分、（　　）、法律后果部分。

2. 根据制定主体的不同消防标准可分为国家标准、（　　）、地方标准和企业标准。

三、名词解释

1. 消防法规

2. 消防法规体系

四、简答题

1. 消防法规体系是由哪些不同表现形式的法律规范构成的？

2. 新中国成立以来有哪些比较重要的消防立法？

第二章　消　防　法

学习目标

1. 应了解、知道的内容：

◇《消防法》的立法宗旨、适用范围。

◇ 各级人民政府、消防工作主管部门的主要消防工作职责。

◇ 消防组织的主要类型及其职责。

2. 应理解、清楚的内容：

◇ 消防工作的方针。

◇ 消防工作的原则。

◇ 消防违法行为承担法律责任的形式。

◇ 不同消防违法行为应受的行政处罚。

3. 应掌握、会用的内容：

◇ 公民消防安全义务的内容。

◇ 社会各单位的消防安全职责。

◇ 灭火救援的保障制度。

4. 应熟练掌握的内容：

◇ 火灾预防的相关制度。

◇ 消防行政处罚的种类。

自学时数　8 学时。

老师导学

本章通过分析《消防法》的立法宗旨、适用范围等问题，对《消防法》进行了概括介绍，然后对各消防工作主体的法定消防职责、火灾预防的相关制度、消防组织类型及其职责、灭火救援的保障制度以及消防违法的法律责任等《消防法》设置的主要消防法律制度内容进行了阐述。在对本章的学习中，重在熟悉公民的消防安全义务、社会各单位的消防安全职责、火灾预防的相关制度，以及灭火救援的保障制度和消防违法应承担的法律责任。

第一节　消防法概述

现行《消防法》于 1998 年 4 月 29 日经第九届全国人民代表大会常务委员会第二次会议通过，于 2008 年 10 月 28 日经第十一届全国人民代表大会常务委员会第五次会议修订，自 2009 年 5 月 1 日起实施。该法共 7 章 74 条，主要对消防工作的方针和原则、火灾预防、消防组织、灭火救援、法律责任等作出了规定。

一、《消防法》的立法宗旨

《消防法》的立法宗旨即《消防法》的制定目的，也就是《消防法》的立法目的。我国《消防法》的立法目的是从我国消防工作的实际情况出发而确立的。《消防法》在总则中明确该法的立法目的为：预防火灾和减少火灾危害，加强应急救援工作，保护人身、财产安全，维护公共安全。其内涵如下：

（一）预防火灾和减少火灾危害

火灾，是指在时间或空间上失去控制的燃烧所造成的灾害。在各种灾害中，火灾是最经常、最普遍地威胁公众安全和社会发展的主要灾害之一。"预防火灾和减少火灾危害"，是对《消防法》立法目的的总体概括，包括了两层含义：①要积极预防火灾，防止发生火灾。火灾是可以预防的，因此，消防工作的主要目的就是做好预防火灾的各项工作，防止火灾发生。②要积极减少火灾危害。火灾绝对不发生是不可能的，但火灾危害是可以通过人类积极的行为而减少的。因此，一旦发生火灾，就应当及时、有效地进行扑救，最大限度地减少火灾危害。

（二）加强应急救援工作

随着经济社会的发展，各类灾害事故多发、频发，包括我国在内的世界各国都面临着不同程度的非传统安全威胁。为了全面加强应急救援工作，《消防法》在总则中规定了该法的立法目的之一是加强应急救援工作，并在该法中对政府、公安机关消防机构的应急救援职责作出了相关的规定。

（三）保护人身、财产安全

人身安全，是指公民的生命健康安全。财产安全，是指国家、集体以及公民的财产安全。人身安全和财产安全是受火灾直接危害的两个方面，在火灾预防和火灾扑救中优先保护的应当是人身安全。

（四）维护公共安全

公共安全，是指不特定多数人生命、健康的安全和重大公私财产的安全。消防安全是公共安全的重要组成部分，维护公共安全是消防立法的重要目的。做好消防工作，维护公共安全，是政府及政府有关部门履行社会管理和公共服务职能、提高公共消防安全水平的重要内容，也是全社会每个单位和公民的权利和义务。

二、《消防法》的适用范围

（一）主体适用范围

《消防法》适用的主体范围包括：各级人民政府、国务院公安部门、县级以上人民政府其他有关部门、社会单位以及公民。

（二）客体适用范围

《消防法》适用的客体范围是消防事务。即政府及政府部门、单位、公民在所有社会活动中涉及消防安全的事项均属于《消防法》的调整范围。

（三）排除适用

《消防法》第4条规定："法律、行政法规对森林、草原的消防工作另有规定的，从其规定。"对这种排除适用的特殊规定，应当从以下几个方面来理解：

1）《消防法》是我国消防工作的基本法律，该法的一般规定特别是总则的规定，是其他法律、行政法规无法确定并且没有规定的，它们普遍适用于森林、草原的消防工作。

2）其他法律、行政法规对森林、草原消防工作另有规定的，不适用《消防法》。这里的其他法律、行政法规，主要是指《森林法》《草原法》《森林防火条例》《草原防火条例》。这些法律、行政法规针对森林、草原消防工作的特殊性，分别对森林、草原火灾的预防、扑救、防火组织等作了具体规定，涉及森林、草原领域的消防工作，应当首先考虑和优先适用特殊法的规定。

3）其他有关法律、行政法规对森林、草原的消防安全没有规定的，适用《消防法》。即现行的森林、草原的消防安全法律、法规对其消防安全问题没有规定的，依照《消防法》的有关规定执行。

三、消防工作的方针

《消防法》第 2 条规定："消防工作贯彻预防为主、防消结合的方针"。"预防为主，防消结合"的消防工作方针，科学、准确地表达了"防"和"消"的辩证关系，反映了人类同火灾作斗争的客观规律，也体现了我国消防工作的特色。

预防为主，是要求消防工作立足于防患于未然，把预防火灾放在首位，积极贯彻落实各项防火措施，力求防止火灾的发生。无数事实证明，只要人们有较强的消防安全意识，自觉遵守、执行消防法律、法规、规章以及消防标准，大多数火灾都是可以预防的。

防消结合，是要求把同火灾作斗争的两个基本手段——防火和灭火有机地结合起来。防火和灭火是一个问题的两个方面，是辩证统一、相辅相成、有机结合的整体。通过预防虽然可以防止大多数火灾的发生，但绝对杜绝火灾发生是不可能的，也是不现实的。在千方百计预防火灾的同时，也要切实做好扑救火灾的各项准备工作，一旦发生火灾，能够及时发现、有效扑救，最大限度地减少人员伤亡和财产损失。

"防"与"消"是达到消防安全的两种必要手段，二者互相联系，互相渗透，相辅相成，缺一不可。

四、消防工作的原则

消防工作的原则，是指《消防法》中规定的，适用于全部消防工作的基本准则。《消防法》在总则中确立的消防工作原则为：政府统一领导、部门依法监管、单位全面负责、公民积极参与。消防工作原则的本质是：政府、政府部门、单位、公民四者都是消防安全责任主体，构成上下左右、纵横交错的责任网络，共同构筑消防安全工作格局，任何一方都非常重要，不可偏废。其内涵如下：

（一）政府统一领导

《消防法》第 3 条规定："国务院领导全国的消防工作。地方各级人民政府负责本行政区域内的消防工作。"消防安全是政府社会管理和公共服务的一项重要内容。国务院作为中央人民政府、最高国家权力机关的执行机关、最高国家行政机关，领导全国的消防工作。同时，消防工作又是一项地方性很强的政府行政工作，许多具体工作必须以地方政府负责为主。

（二）部门依法监管

政府部门是政府的组成部分，政府有关部门对消防工作齐抓共管，是消防工作的社会化属性决定的。部门依法监管，是指公安机关及其消防机构、安全监管、建设、工商、质监、教育、人力资源等政府有关部门对消防工作依法履行相应的消防安全监管职责。《消防法》

明确了公安机关及其消防机构是代表政府依法对消防工作实施监督管理的部门，但是，消防工作涉及面广，仅靠公安机关及其消防机构的监管是不够的，还需要安全监管、建设、工商、质监、教育、人力资源等部门依法履行相应的消防安全监管职责。

（三）单位全面负责

单位是社会的基本单元，也是社会消防管理的基本单元。单位全面负责，是指单位作为自身消防安全管理的主体对本单位的消防安全全面负责。单位对消防安全和致灾因素的管理能力，反映了社会公共消防安全管理水平，在很大程度上决定了一个城市、一个地区的消防安全形势。因此，将消防安全责任落实到单位，是实现公共消防安全的治本之策。

（四）公民积极参与

公民是消防工作的基础，是消防工作重要的参与者和监督者。公民积极参与，是指公民在依法履行消防安全义务的同时积极参与各项消防工作，以促进消防工作的发展进步，提高全社会抗御火灾的能力。

第二节　消防工作主体的职责

消防工作具有广泛的社会性，因而，消防工作的主体是多元的，涉及政府和有关部门，涉及全社会每个单位、每个公民。《消防法》对各消防工作主体应当履行的消防工作职责作出了明确规定，这些规定是加强社会消防安全管理，落实消防安全责任制的法律依据。本节主要对各级人民政府，消防工作主管部门，机关、团体、企业、事业等社会各单位及公民的消防工作职责作介绍。

一、各级人民政府的消防工作职责

根据我国消防工作的性质和长期以来的实践经验，《消防法》确定了消防工作政府责任制，即国务院领导全国的消防工作，地方各级人民政府负责本行政区域内的消防工作。《消防法》关于政府具体消防工作职责的规定主要有以下六个方面：

（一）宏观规划

具体职责内容包括：

1. 将消防工作纳入国民经济和社会发展计划

国民经济和社会发展计划是国家对国民经济和社会发展各项内容所进行的分阶段的具体安排。消防工作是国民经济和社会发展的重要组成部分，关系到国家和人民生命财产安全和社会的稳定，所以应当将其纳入国民经济和社会发展计划，明确一个阶段内消防工作应当达到的目标以及为此而采取的措施，以保障消防工作与经济社会发展相适应。将消防工作纳入国民经济和社会发展计划，是保障消防事业科学发展的基础。

2. 将消防规划纳入城乡规划并负责组织实施

消防规划，是指为了构建城乡消防安全体系，实现一定时期内城乡的消防安全目标，指导城乡消防安全布局、消防站和公共消防基础设施建设而制定的总体部署和具体安排。

（1）消防规划纳入城乡总体规划的目的　城乡消防规划对消防工作的长远发展有重大的指导作用，将消防规划纳入城乡总体规划的目的，是使城乡的消防安全布局、消防站、消防供水、消防通信、消防车通道以及消防装备等方面的建设与其他公共基础设施统一规划、统一设计、统一建设。

(2) 消防规划的实施主体　城乡消防规划由地方各级人民政府负责组织实施，地方各级人民政府的发展改革、建设、规划、财政、国土资源、公安消防、市政、通信等部门按照各自职能，具体负责城乡消防规划的实施以及公共消防设施、消防装备的建设、维护和管理工作。

(二) 火灾预防

各级人民政府火灾预防的职责包括：①组织开展经常性的消防宣传教育，提高公民的消防安全意识；②对已经设置的不再符合消防安全要求的生产、储存和装卸易燃易爆危险品的工厂、仓库和专用车站、码头，易燃易爆气体和液体的充装站、供应站、调压站，组织、协调有关部门、单位限期解决，消除安全隐患；③根据季节特点和本地特点组织防火检查。组织防火检查，主要是在农业收获季节、森林和草原防火期间、重大节假日期间以及火灾多发季节，开展有针对性的消防安全检查，采取防火措施，预防火灾。

【链接阅读】

2013 年 1 月 15 日下午，黑龙江省政府召开了加强冬季防火工作严控火灾事故电视电话会议。会议对当前全省消防安全工作面临的严峻形势进行了深刻分析，要求深入研判冬春季节火灾的形势和特点，着眼“两节”“两会”消防安全保卫工作，进一步加大火灾隐患排查整治力度，全面净化社会消防安全环境，进一步加强宣传培训等。

2010 年 11 月 19 日下午，呼和浩特市政府召开会议全面部署冬季防火工作，强调，进入冬季，居民、单位用火、用电、用油、用气量增加，火灾将进入多发期，各部门在今后要按照部署要求，立即行动起来，迅速开展针对各类人员密集场所，特别是已投入使用的高层建筑及冬季施工在建工程的消防安全大检查。

(三) 消防组织建设

具体职责内容包括：①根据经济和社会发展的需要建立多种形式的消防组织。《消防法》第 36 条规定：“县级以上地方人民政府应当按照国家规定建立公安消防队、专职消防队，并按照国家标准配备消防装备，承担火灾扑救工作。乡镇人民政府应当根据当地经济发展和消防工作的需要，建立专职消防队、志愿消防队，承担火灾扑救工作。”②加强消防技术人才培养，增强火灾预防、扑救和应急救援的能力。

(四) 加强农村消防工作

加强农村消防工作的职责内容包括：①加强对农村消防工作的领导；②采取措施加强公共消防设施建设；③组织建立和督促落实农村消防安全责任制；④乡镇人民政府、城市街道办事处支持、帮助和指导村民委员会、居民委员会开展群众性的消防工作。

(五) 灭火与应急救援

具体职责内容包括：①组织有关部门制定应急预案，建立应急反应和处置机制；②领导重大灾害事故的应急救援工作；③为火灾扑救和应急救援工作提供人员、装备等保障；④对单位专职消防队、志愿消防队参加扑救外单位火灾所损耗的燃料、灭火剂和器材、装备等给予补偿。

(六) 执法监督

具体职责内容包括：①对本级人民政府有关部门履行消防安全职责的情况进行监督检查。②协调组织重大火灾隐患的整改。对于公安机关报告的城乡消防安全布局、公共消防设施不符合消防安全要求，或者本地区存在的影响公共安全的重大火灾隐患情况，如公共建筑防火间距小、耐火等级低，缺乏消防水源和消防设施，通道狭窄，消防车辆无法通行等，由当地政府在核实后负责组织或者责成有关部门、单位采取措施予以整改。③对公安机关报请的对经济和社会生活影响较大的责令停产停业意见，依法决定并组织实施。

【链接阅读】

位于甘肃省陇南市武都区长江大道滨河新城地下一层的滨河市场，总建筑面积8000余平方米，入驻商户400余家，为全区较有影响的大型综合集贸市场，主要经营服装、日用百货、蔬菜等货物。武都区消防大队在消防监督检查过程中发现滨河市场存在未划分防火分区，未设自动报警、自动喷淋灭火系统，管理混乱，通道被严重堵占等火灾隐患，严重影响广大商户的生命财产安全，通过支队专家会议论证其已构成重大火灾隐患。

2012年3月20日，武都区政府针对公安消防大队报告的滨河市场重大火灾隐患情况，召开了由安监、工商、消防、建设、城关镇、市场、新欧亚房产公司、龙江工贸公司、城关新村等有关部门、单位负责人参加的重大火灾隐患整改协调会。会上，安监、城关镇、消防、城关新村、新欧亚房产公司有关单位负责人分别就重大火灾隐患整改提出了意见和方案，经过会议协商，确定了六项整改建议。

二、消防工作主管部门的消防工作职责

（一）公安机关的主要消防工作职责

《消防法》第4条规定："国务院公安部门对全国的消防工作实施监督管理。县级以上地方人民政府公安机关对本行政区域内的消防工作实施监督管理，并由本级人民政府公安机关消防机构负责实施。"因此，公安机关的消防工作职责主要是领导公安机关消防机构开展消防监督管理工作，承担的具体的消防监管工作较少。其具体的消防工作职责主要包括：①加强消防法律、法规的宣传，并督促、指导、协助有关单位做好消防宣传教育工作；②对公安机关消防机构确定的消防安全重点单位报本级人民政府备案；③对公安机关消防机构在监督检查中发现的城乡消防安全布局、公共消防设施不符合消防安全要求，或者本地区存在影响公共安全的重大火灾隐患情况，书面报告本级人民政府；④对由公安机关消防机构提出的对经济和社会生活影响较大的责令停产停业，报请本级人民政府依法决定和实施；⑤依法决定对消防违法行为的拘留处罚。

（二）公安机关消防机构的主要消防工作职责

公安机关消防机构是公安机关的职能部门之一，是对消防工作实施监督管理的公安行政管理部门，负责具体实施对本行政区域内消防工作的监督管理。根据《消防法》的规定，公安机关消防机构的主要消防工作职责包括：

1. 进行消防安全宣传教育

公安机关消防机构应利用各种形式的宣传媒介、宣传手段，开展消防法律、法规的宣传，普及消防知识，以增强全民消防安全意识。同时，作为消防工作的专门机关，对有关单位的消防宣传教育工作还负有督促、指导和协助的义务。

【链接阅读】

为加大家庭消防宣传教育，提升广大居民群众火灾预防和应急处置能力，减少火灾人员伤亡，2013年11月8日，成都市公安消防支队在金牛区金科苑社区进行了家庭消防安全

"五自查四应会"的宣传教育活动。五自查，是指自查危险火源，自查疏散通道，自查消防器材，自查电器设备，自查电气线路。四应会，是指会报火警与火患，会使用消防器材，会处置初期火灾，会在火灾现场逃生自救。在宣传教育活动中，成都市公安消防支队通过布设社区消防法制文化长廊、播放家庭消防安全隐患资料片、让群众亲身参与各项消防体验活动和进行家庭灭火疏散逃生演练等多种形式，对社区广大居民进行了一次丰富而实用的家庭消防安全宣传教育。

2. 确定本辖区内的消防安全重点单位

消防安全重点单位，是指发生火灾可能性较大以及一旦发生火灾可能造成人身重大伤亡或者财产重大损失的单位。为预防重、特大火灾事故，公安机关消防机构应当将发生火灾可能性较大以及发生火灾可能造成重大人身伤亡或者财产损失的单位，确定为本行政区域内的消防安全重点单位。

【链接阅读】

区分消防安全重点单位和非消防安全重点单位，其目的是对重要目标进行消防重点管理，这也是世界各国的通行做法。经公安机关消防机构确定为消防安全重点单位的，需要由公安机关报本级人民政府备案，并要求其设置或者确定消防工作的归口管理职能部门。对于消防安全重点单位，从法律规定来看，消防管理的要求相对严格（参见本节"三、社会各单位的消防安全职责"），其目的是防止重、特大恶性火灾事故发生，保护人民生命和财产的安全。关于消防安全重点单位的范围，《消防法》和《机关、团体、企业、事业单位消防安全管理规定》作了明确界定，包括达到一定规模的下列单位或场所：①商场（市场）、宾馆（饭店）、体育场（馆）、会堂、公共娱乐场所等公众聚集场所；②医院、养老院和寄宿制的学校、托儿所、幼儿园；③国家机关；④广播电台、电视台和邮政、通信枢纽；⑤客运车站、码头、民用机场；⑥公共图书馆、展览馆、博物馆、档案馆以及具有火灾危险性的文物保护单位；⑦发电厂（站）和电网经营企业；⑧易燃易爆化学品的生产、充装、储存、供应、销售单位；⑨服装、制鞋等劳动密集型生产、加工企业；⑩重要的科研单位；⑪高层办公楼（写字楼）、高层公寓楼等高层公共建筑，城市地下铁道、地下观光隧道等地下公共建筑和城市重要的交通隧道，粮、棉、木材、百货等物资集中的大型仓库和堆场，国家和省级等重点工程的施工现场等场所；⑫其他发生火灾可能性较大以及一旦发生火灾可能造成重大人身伤亡或者财产损失的单位。

3. 进行消防监督检查

消防监督检查是公安机关消防机构进行消防监督管理的重要手段。根据《消防法》的规定，公安机关消防机构应当依法对机关、团体、企业、事业等单位遵守消防法律、法规情况进行监督检查。在监督检查中，很重要的一项工作职责就是对发现的火灾隐患和消防违法行为进行及时处理。对于在监督检查中发现的火灾隐患和消防违法行为，要求公安机关消防机构根据情况作出如下处理：①对发现的火灾隐患，如发现建筑物的安全出口、疏散通道堵塞，消防设施、器材不完好有效等，通知有关单位或者个人立即采取措施予以消除；②对于不及时消除可能严重威胁公共安全的火灾隐患，依法对危险部位或者场所采取临时查封措施，以确保公共安全；③将城乡消防安全布局、公共消防设施不符合消防安全要求，或者本地区存在影响公共安全的重大火灾隐患的情况报告公安机关；④对发现的消防违法行为依法予以行政处罚，对经济和社会生活影响较大的责令停产停业，提出意见并由公安机关报请当地人民政府依法决定。

4. 依法强制执行

根据《消防法》的规定，公安机关消防机构可依法强制执行的情形包括：

1）对于经责令改正拒不改正的下列行为强制执行，所需费用由违法行为人承担：①占用、堵塞、封闭疏散通道、安全出口或者有其他妨碍安全疏散行为的；②埋压、圈占、遮挡消火栓或者占用防火间距的；③占用、堵塞、封闭消防车通道，妨碍消防车通行的；④人员密集场所在门窗上设置影响逃生和灭火救援的障碍物的。

2）当事人逾期不执行停产停业、停止使用、停止施工决定的，作出决定的公安机关消防机构依法强制执行。

5. 进行火灾调查

火灾发生后，公安机关消防机构有权根据需要封闭火灾现场，负责调查火灾原因，统计火灾损失。

6. 进行消防设计审核、消防验收和消防安全检查

消防设计审核、消防验收和消防安全检查，属于消防行政许可事项，也是公安机关消防机构的消防监督管理职责。这些职责的履行应当依照《行政许可法》的要求，做到公正、严格、文明、高效。

7. 对专职消防队、志愿消防队等消防组织进行业务指导

公安机关消防机构对专职消防队、志愿消防队等消防组织的业务指导，包括火灾预防、消防检查、消防宣传、车辆装备管理、火灾扑救等各方面的指导工作。

（三）公安派出所的消防工作职责

公安派出所是公安机关直接领导的派出机构，是城市和农村最基层的消防监督管理者。根据《消防法》的规定，公安派出所可以负责日常消防监督检查，开展消防宣传教育。

三、社会各单位的消防安全职责

机关、团体、企业、事业等单位（以下统称单位）是组成社会的基本单元，也是维护社会整体消防安全义务的主要承担者。国家制定的消防法律法规和消防标准，最终都需要在每个具体的单位中去落实。只有社会各单位切实履行消防安全职责，落实消防安全管理措施，消防工作才会有坚实的社会基础，火灾危害才能够得到有效的控制。根据《消防法》的规定，单位的消防安全职责主要包括以下几方面：

（一）落实消防安全责任制

落实消防安全责任制，是《消防法》第2条规定的“实行消防安全责任制”基本制度在单位的具体体现。对单位来讲，落实消防安全责任制，就是要建立和落实逐级消防安全责任制和岗位消防安全责任制，确定各级各岗位的消防安全责任人，对本级、本岗位的消防安全负责，层层落实消防安全责任。

（二）制定本单位的消防安全制度和消防安全操作规程

建章立制是单位搞好安全生产、经营，实现科学管理的重要手段。只有建立了消防安全制度和消防安全操作规程，才能保证生产、经营活动安全有序地进行，有效监控火灾危险源，预防消防安全事故的发生。

单位消防安全制度的主要内容包括：①消防安全教育与培训；②防火巡查、检查；③安全疏散设施管理；④消防（控制室）值班；⑤消防设施、器材维护管理；⑥火灾隐患整改；⑦用火、用电安全管理；⑧易燃易爆危险品和场所防火防爆；⑨专职和义务消防队的组织管理；⑩灭火和应急疏散预案演练；⑪燃气和电气设备的检查和管理（包括防雷、防静电）；⑫消防安全工作考评和奖惩；⑬其他必要的消防安全内容。

单位的消防安全操作规程，是指为了确保消防安全，结合单位实际而制定的生产、经营、储运、科研等过程中的操作要求。

（三）按照国家标准、行业标准配置消防设施、器材，设置消防安全标志，并定期组织检验、维修

该职责包括两方面内容：①任何单位都应按照国家标准和行业标准配置消防设施和器材，设置消防安全标志；②任何单位都要定期组织对消防设施、器材和标志进行检验、维修，确保完好、有效。消防设施、器材和消防安全标志能否发挥预防火灾和在火灾中发挥扑灭初期火灾、控制火灾蔓延以及保护人员疏散等作用，关键在于日常的检查和维修保养，保证完好有效。

【链接阅读】

消防设施，一般是指固定的消防系统和设备，包括火灾自动报警系统、自动灭火系统、消火栓系统、防排烟系统以及安全疏散设施等。消防器材，是指移动的灭火器材、自救逃生器材，如灭火器、防烟面罩等。消防安全标志，是指用以表达与消防有关的安全信息的图形符号或者文字标志，包括火灾报警和手动控制的标志、火灾时疏散途径的标志、灭火设备的标志、具有爆炸危险的物质或场所的标志等。

（四）对建筑消防设施每年至少进行一次全面检测

对建筑消防设施，单位除必须落实日常检查维修保养制度外，还应当每年至少进行一次全面检测，确保完好有效，并制作检测记录，存档备查。全面检测可以由单位自行进行，也可以自愿委托具有资质的技术服务机构进行。

（五）保障疏散通道、安全出口、消防车通道畅通，保证防火防烟分区、防火间距符合消防技术标准

疏散通道、安全出口、消防车通道是火灾发生后人员逃生和实施救援时的通道，防火防烟分区和防火间距是火灾中防止火灾蔓延扩大的重要保障，保持通道、安全出口畅通和防火防烟分区符合标准对于减少火灾危害具有重要意义。

【链接阅读】

疏散通道，是指建筑物的走道、楼梯、连廊等。安全出口，是指供人员安全疏散用的楼梯间、室外楼梯的出入口或直通室内外安全区域的出口。消防车通道，是指消防车在实施救火时能够顺利通过的道路。防火分区，是指在建筑内部采用防火墙、耐火楼板及其他防火分隔设施分隔而成，能在一定时间内防止火灾向同一建筑的其他部分蔓延的局部空间。防烟分区，是指在建筑内部屋顶或顶部、吊顶下采用具有挡烟功能的构配件进行分隔所形成的具有一定蓄烟能力的空间。防火间距，是指防止着火建筑的辐射热在一定时间内引燃相邻建筑，且便于火灾扑救的间隔距离。

由于疏散通道、安全出口、消防车通道、防火防烟分区、防火间距不符合消防安全要求导致的灾害蔓延扩大的火灾事故时有发生，惨痛的教训值得吸取。例如，2008 年1月2日，新疆乌鲁木齐市德汇国际广场突发火灾，乌鲁木齐消防部门随即展开救援，但由于着火建筑周围毗邻建筑密集，违章新建、临时搭建的商铺堵塞消防通道，消防人员只能用铲车临时清理出一条通道进入现场，使火灾扑救延误。大火燃烧69个小时，不仅夺走3名消防官兵的生命，而且导致千余商户多年积累的财富化为灰烬。又如，1998年5月17日，北京玉泉营环岛家具城发生火灾，火灾从家具城的北厅烧起，由于未做防火分隔，导致17000m^2的家具城全部烧毁，直接经济损失2087.7万元。再如，1994年12月8日，新疆克拉玛依市组织15所中、小学校的15个规范班及教师、家长等796人，在克拉玛依市的友谊馆进行文艺汇报演出。演出刚开始，因舞台上方的照明灯燃着幕布蔓延成灾。该友谊馆共8个出口，火灾时7个出口上锁，导致人群在出口处丧失了逃生的机会。该场火灾共造成323人死亡，130人受伤，直接经济损失210.9万元，给数百个家庭带来无法弥补的伤痛。

（六）组织防火检查，及时消除火灾隐患

防火检查，是指单位组织的对本单位消防安全状况进行的检查，是单位在消防安全方面进行自我管理、自我约束的一种主要形式。单位对检查中发现的火灾隐患，要及时消除；在火灾隐患消除之前，有义务落实防范措施，确保消防安全。

（七）组织进行有针对性的消防演练

组织进行有针对性的消防演练，是指按照已制定的灭火和应急疏散预案进行实际的操作演练，其目的是增强单位有关人员的消防安全意识，熟悉消防设施、器材的位置和使用方法，同时也有利于及时发现问题，完善预案。

对于消防安全重点单位，除应当履行上述七项消防安全职责外，还应当履行下列消防安全职责：

（一）确定消防安全管理人员

消防安全重点单位一般规模较大，多数单位的主要负责人不可能事必躬亲，为了消防安全工作切实有人抓，单位应当确定消防安全管理人来具体实施和组织落实本单位的消防安全工作。

（二）建立消防档案，确定消防安全重点部位

消防档案，是关于单位消防工作主要内容的记录，记录本单位的消防安全基本情况和消防安全管理情况等。消防安全重点部位，是指容易发生火灾和一旦发生火灾就会危及人身和财产的有重大影响的部位，如单位的油罐区、易燃易爆物品仓库、舞台、变配电室、生产工艺的危险岗位、学校学生宿舍、医院病房等。单位应结合实际情况确定本单位的消防安全重点部位，设置明显的防火标志，对其实行严格管理。这里的防火标志，是指在消防安全重点部位设置的禁烟禁火等各种文字、符号的警告标志。

（三）进行每日防火巡查，并建立巡查记录

每日防火巡查，即明确人员按照一定的频次和路线进行防火巡视检查。单位应对每日防火巡查的情况进行记录。

（四）对职工进行岗前消防安全培训，定期组织消防安全培训和消防演练

消防安全重点单位应当根据本单位的实际情况对职工进行岗前消防安全培训和定期培训，对制定的灭火和应急疏散预案进行定期演练。《机关、团体、企业、事业单位消防安全管理规定》对消防安全培训的频次、培训的基本内容以及消防演练的频次有具体的规定，可参见第五章第一节内容。

四、公民的消防安全义务

公民是实现社会消防安全的基本要素，要实现社会整体消防安全，没有公民的积极参与是不可能的。因此，不仅社会单位应承担消防安全的保障义务，广大公民也应当承担消防安全的保障义务。《消防法》对公民消防安全义务的规定主要有以下五项：

（一）维护消防安全的义务

《消防法》第 5 条规定，任何单位、个人都有维护消防安全的义务。维护消防安全所涉及的内容十分广泛，包括生产、生活的各个领域。维护消防安全义务的基本内容，主要是指在涉及消防安全的活动时，有预防火灾、减少火灾发生的义务，如公民遵守消防法规，安全用火、用电等。

（二）预防火灾的义务

公民在生产、生活中，必须严格遵守消防安全的有关规定，杜绝和消除火灾隐患，避免火灾发生。《消防法》对公民预防火灾的义务作了相关的具体规定，如生产、储存、运输、销售或者使用、销毁易燃易爆危险品，必须执行有关消防安全的规定；禁止携带火种进入特定场所；禁止非法携带易燃易爆危险品进入公共场所或者乘坐公共交通工具；禁止在具有火灾、爆炸危险的场所吸烟、使用明火，具有火灾、爆炸危险的场所的作业人员，应当持证上岗并遵守消防安全规定等。

（三）保护消防设施的义务

消防设施包括公共消防基础设施、建筑消防设施以及消防装备等。《消防法》第 28 条规定：“任何单位、个人不得损坏、挪用或者擅自拆除、停用消防设施、器材，不得埋压、圈占、遮挡消火栓或者占用防火间距，不得占用、堵塞、封闭疏散通道、安全出口、消防车通道。”这项义务的履行，是为了使消防设施处于完整好用的状态，便于在发生火灾时能够及时用于扑救火灾，最大限度地降低火灾损失。

（四）报告火警的义务

报告火警，主要是指发现火灾后，立即拨打火警电话或者通过其他方式向消防队报告火灾情况。《消防法》第 44 条第 1 款规定：“任何人发现火灾都应当立即报警。任何单位、个人都应当无偿为报警提供便利，不得阻拦报警。”及时准确地报告火警是及时获得火灾救助的关键，发现火灾，报告火警、提供报警条件是公民应尽的义务。

（五）参加有组织的灭火工作的义务

对于成年公民来说，参加有组织的灭火工作是其应尽的一项法律义务。《消防法》第 5 条规定：“任何单位和成年人都有参加有组织的灭火工作的义务。”由于灭火工作具有很大的危险性，而未成年人心智尚未发育完全，不适宜参加灭火。此外，成年人中的孕妇、老年人、病人和有较严重身体缺陷的残疾人，也不应参加灭火工作。

第三节　火灾预防的相关制度

火灾预防是消防工作的重点，也是消防工作的基础。《消防法》对火灾预防工作进行了较为详尽的规定，除明确了各消防工作主体的消防安全职责外，还从火灾预防的角度规定了消防安全管理的相关制度。其内容较为丰富，主要包括：①建设工程消防安全管理制度；

②公众聚集场所消防安全管理制度；③消防产品的消防安全管理制度；④其他消防安全管理制度等。

一、建设工程消防安全管理制度

根据《消防法》的规定，我国对建设工程的消防安全管理实行建设工程主体消防安全质量负责制、消防行政许可制度与备案抽查制度。

（一）建设工程主体消防安全质量负责制

《建筑法》《建设工程质量管理条例》等建筑管理法规规定，建设、设计、施工、工程监理单位是建设工程的主体，对建设工程质量承担主体责任。《消防法》同样明确了建设、设计、施工、工程监理等单位依法对建设工程的消防设计、施工质量负责，以确保建设工程的消防安全。其具体职责分述如下：

1）建设单位作为工程项目建设过程的总负责方，依法向公安机关消防机构申请建设工程消防设计审核、工程竣工消防验收或者进行消防备案并接受消防监督检查，并以合同约定设计、施工、工程监理单位执行国家工程建设消防技术标准，确保建设工程的设计、施工符合国家工程建设消防技术标准。禁止指使或者强令设计、施工、工程监理等有关单位和人员违反消防法规和国家工程建设消防技术标准，降低建设工程消防设计、施工质量。

2）设计单位对建设工程的消防设计质量负责，向建设方提交符合国家工程消防技术标准的消防设计文件。

3）施工单位对建设工程的消防施工质量负责，保证工程施工全过程和工程的实物质量符合国家工程消防技术标准和消防设计文件的要求。

4）工程监理单位对建设工程的施工质量承担监理责任，不得同意使用或者安装不合格的消防产品和建筑材料。

（二）建设工程消防行政许可制度

建设工程消防行政许可制度，是指公安机关消防机构对依法纳入消防行政许可范围的建设工程，依法进行消防设计审核和工程竣工验收，以保障投入使用的建设工程具备符合国家规定的消防安全标准。

1. 建设工程消防设计审核

（1）依法纳入消防设计审核的建设工程范围　依法纳入消防设计审核的建设工程范围是：国务院公安部门规定的大型的人员密集场所和其他特殊建设工程。其具体范围依照公安部2012年颁布实施的《建设工程消防监督管理规定》的规定执行。

（2）申报建设工程消防设计审核的主体　依法纳入消防设计审核范围的建设工程，由建设单位向当地公安机关消防机构申报消防设计审核。

（3）公安机关消防机构的行政许可职责　公安机关消防机构作为负有消防行政许可职责的部门，必须坚持原则，认真负责，严格依照消防法律法规和国家工程建设消防技术标准对消防设计文件进行审核，并依法对审核的结果负责。

（4）建设工程消防设计审核结果的效用　未经依法审核或者审核不合格的建设工程，负责审批该工程施工许可的部门不得给予施工许可，工程不得施工。

2. 建设工程竣工消防验收

凡依法需要进行消防设计审核的工程，建设工程竣工后由建设单位向公安机关消防机构申请消防验收。未经消防验收或者消防验收不合格的，禁止投入使用。

（三）建设工程消防备案抽查制度

除依法纳入消防设计审核和消防验收范围的建设工程外，其余工程实施消防备案抽查制度。即建设单位在取得施工许可后和工程竣工验收合格后，报公安机关消防机构备案，公安机关消防机构从中抽取部分消防设计或工程进行检查。

二、公众聚集场所消防安全管理制度

公众聚集场所，是指宾馆、饭店、商场、集贸市场、客运车站候车室、客运码头候船厅、民用机场航站楼、体育场馆、会堂以及公共娱乐场所等。公众聚集场所人员众多，而且向社会公众开放，一旦发生火灾很容易造成重大人员伤亡和财产损失，因此是火灾预防的重点场所。为了使公众聚集场所在投入使用后具备一定的消防安全条件，预防群死群伤恶性火灾事故，我国对这类场所的消防安全管理实行投入使用、营业前的消防安全检查与消防监督抽查相结合的管理制度。

（一）公众聚集场所投入使用、营业前的消防安全检查制度

根据《消防法》的规定，公众聚集场所在投入使用、营业前，需要由建设单位或者使用单位向场所所在地的公安机关消防机构申请消防安全检查。未经消防安全检查或者经检查不符合消防安全要求的公众聚集场所，禁止投入使用、营业。

（二）公众聚集场所投入使用、营业后的消防监督抽查制度

对公众聚集场所投入使用、营业前的消防安全检查并不能一劳永逸地解决其所有的消防安全问题，对于经消防安全检查合格后投入使用、营业的场所，不仅需要使用单位履行其法定的消防安全职责，还需要消防安全监督部门适时对其消防安全状况进行抽查，监督使用单位履行法定的消防安全职责的情况，确保该类场所投入使用、营业后符合消防安全条件。

三、消防产品的消防安全管理制度

消防产品，是指专门用于火灾预防、灭火救援和火灾防护、避难、逃生的产品，如消防车、灭火器、消火栓、防火门等。消防产品的质量直接关系到预防火灾和发生火灾后消防产品能否有效地发挥作用，从而及时处置火灾，保障人身和财产安全。因此，我国对消防产品实行了比较严格的消防安全管理制度。具体要求如下：

1）消防产品必须符合国家标准，没有国家标准的，必须符合行业标准。

2）消防产品的生产者、销售者、使用者对消防产品质量负有保证义务。即禁止生产、销售或者使用不合格的消防产品以及国家明令淘汰的消防产品。

【链接阅读】

国家明令淘汰的消防产品，是指国家有关行政管理部门依据其职能，对消耗能源、污染环境、毒副作用大、技术明显落后的产品，按照一定的程序向社会公布自某时起禁止生产、销售和使用的消防产品。例如，哈龙是一种破坏臭氧层能力很强的物质，为了履行《关于保护臭氧层的维也纳公约》，我国制定了《中国消防行业哈龙整体淘汰计划》，明确规定了停止哈龙灭火产品的生产、销售和使用的具体时间。

3）对纳入强制性产品认证目录的消防产品，实行强制性产品认证制度。即由国务院产品质量监督部门会同国务院公安部门制定并公布实行强制性产品认证的消防产品目录，凡在目录中的消防产品，必须经具有法定资质的认证机构按照国家标准、行业标准的强制性要求认证合格后，方可生产、销售、使用。

4）对于新研制的尚未制定国家标准、行业标准的消防产品，实行技术鉴定制度。即对那些尚未纳入强制性产品认证目录的新研制的消防产品，本着鼓励消防新产品推广应用，同时又要保证新产品符合一定的消防安全要求的原则，按照国务院产品质量监督部门会同国务院公安部门规定的办法，经技术鉴定符合消防安全要求的，可以生产、销售、使用。待新研制的消防产品经实际使用验证性能比较稳定、可靠后，逐步纳入强制性产品认证范围。

5）对消防产品的监督管理实行部门分段监管与部门协作相结合的制度。即由产品质量监督部门、工商行政管理部门、公安机关消防机构对消防产品的质量监督实施分段监管：产品质量监督部门和工商行政管理部门负责对生产、流通领域的消防产品进行监管，公安机关消防机构负责对使用领域的消防产品进行监管。同时对消防产品违法行为的处罚按照谁监管、谁处罚的原则，实施分段处罚。部门协作主要是指：公安机关消防机构在消防监管的过程中，发现人员密集场所使用不合格的消防产品或国家明令淘汰的消防产品的，要及时将这些消防产品的情况通报产品质量监督部门、工商行政管理部门，由产品质量监督部门、工商行政管理部门对生产者、销售者依法及时查处。

【案例】 某县消防大队执法人员在对一网吧进行消防监督检查时发现，该网吧安装的应急照明灯和灯光疏散指示标志上没有消防产品身份标志，经监督抽样送法定的消防产品检验机构检验为不合格产品。于是，执法人员依法责令网吧限期更换使用的不合格消防产品，并将不合格的应急照明灯和灯光疏散指示标志的情况向产品质量监督部门和工商行政管理部门进行了通报。随后，产品质量监督部门、工商行政管理部门依法对不合格应急照明灯和灯光疏散指示标志的生产者、销售者进行了查处。

四、其他消防安全管理制度

（一）公共消防设施的维护管理

公共消防设施属于城乡市政公用设施，主要是指消防供水管道（包括生产、生活和消防合用供水管道）和市政消火栓、消防水鹤等取水设施，消防车通道，消防通信，以及其他灭火救援时需要使用的市政公用设施。为保证公共消防设施的完好有效，《消防法》第29条规定："负责公共消防设施维护管理的单位，应当保持消防供水、消防通信、消防车通道等公共消防设施的完好有效。在修建道路以及停电、停水、截断通信线路时有可能影响消防队灭火救援的，有关单位必须事先通知当地公安机关消防机构"。

【链接阅读】

依据法律、法规和规章的规定，国务院住房和城乡建设主管部门依法负责全国城乡市政公用设施的监督管理工作，县级以上地方人民政府建设主管部门依法负责本行政区域内城乡市政公用设施的具体管理工作。供水、通信、交通等公共消防设施的运营、养护单位应当按照《市政公用设施抗灾设防管理规定》，将有关的公共消防设施的维护管理纳入本职工作，定期对公共消防设施进行维护、检查和更新，确保完好有效。《城市供水条例》《电力供应与使用条例》《城市道路管理条例》等对城乡市政公用设施运营、养护单位保障消防供水、消防通信、消防车通道等公共消防设施完好有效都作了明确规定。

（二）建筑构件、建筑材料和室内装修、装饰材料的消防安全管理

1. 建筑构件、建筑材料和室内装修、装饰材料的防火性能必须符合消防安全标准

建筑构件、建筑材料和室内装修、装饰材料的防火性能直接影响建筑物的防火性能，为保证建筑物的防火性能符合消防安全标准，要求建筑构件、建筑材料和室内装修、装饰材料的防火性能必须符合国家标准；没有国家标准的，必须符合行业标准。

【链接阅读】

防火性能，包括燃烧性能和耐火极限。燃烧性能，是指燃烧的难易程度，可分为可燃、不燃和难燃。耐火极限，是指通过耐火试验测得的从受火作用起到失去支持能力或完整性被破坏或失去隔火作用时止的时间。

2. 人员密集场所室内装修、装饰材料必须是不燃或难燃材料

人员密集场所，是指公众聚集场所，医院的门诊楼、病房楼，学校的教学楼、图书馆、食堂和集体宿舍，养老院，福利院，托儿所，幼儿园，公共图书馆的阅览室，公共展览馆、博物馆的展示厅，劳动密集型企业的生产加工车间和员工集体宿舍，旅游、宗教活动场所等。这类场所人员比较集中，一旦发生火灾事故，极易造成群死群伤。使用易燃、可燃材料装饰、装修，会增加场所的火灾危险性，发生火灾时还会导致火灾蔓延加剧及有毒烟气的产生，增加人员疏散逃生和火灾扑救的难度。因此，《消防法》规定，人员密集场所室内装修、装饰应当按照消防技术标准的要求，使用不燃、难燃材料，以降低场所的火灾危险性。

【链接阅读】

2008 年 9 月 20 日，深圳市龙岗区舞王俱乐部发生火灾事故，造成 44 人死亡，64 人受伤。火灾原因是由于该俱乐部一员工在舞台表演节目时使用自制的道具枪向上方发射烟花弹，烟花弹爆炸产生的火星引燃顶棚蔓延成灾。火灾造成大量人员伤亡的原因之一就是该俱乐部违规使用大量的易燃、可燃装修材料，如该俱乐部大厅舞台顶棚大量使用的聚氨酯泡沫塑料，燃烧迅猛、蔓延速度非常快，除了容易产生一氧化碳外，还能产生氰化氢、丙烯醛等大量的剧毒物质。

无独有偶，2009 年 1 月 31 日，建筑面积仅为 229m^2 的福建省长乐市拉丁酒吧，同样因为顾客燃放烟花，引燃顶棚酿成火灾，火灾造成 15 人死亡，22 人受伤。由于该酒吧在顶棚和四周墙体大量敷设易燃的聚氨酯泡沫作为吸声材料，致使火灾燃烧速度极快，火灾现场录像资料表明该起火灾从起火到顶棚、墙面吸声棉猛烈燃烧的时间仅 64 秒。

（三）易燃易爆危险品的消防安全管理

易燃易爆危险品具有燃烧、爆炸等特性，是火灾预防的重点。《消防法》对于易燃易爆危险品的消防安全管理作出了严格的规定：

1. 生产、储存、运输、销售、使用、销毁易燃易爆危险品，必须执行消防技术标准和管理规定

这里的消防技术标准，是指《建筑设计防火规范》《石油库设计规范》《石油化工企业设计防火规范》等。管理规定，是指有关易燃易爆危险品管理的法规、规章等，如《民用爆炸物品安全管理条例》《危险化学品安全管理条例》《烟花爆竹安全管理条例》《城镇燃气管理条例》等。

2. 进入生产、储存易燃易爆危险品的场所，必须执行消防安全规定

生产、储存易燃易爆危险品的场所属于爆炸危险场所，这类场所火灾爆炸危险性大，对于进入这类场所都有特别的消防安全要求，这些要求必须严格执行。例如，进入生产、储存易燃易爆危险品场所的所有机动车辆，必须安装防火罩，电瓶车、铲车也必须装有防止火花溅出的安全装置或是防爆型的；进入生产、储存易燃易爆危险品场所的人员必须登记，交出

火种等。

3. 禁止非法携带易燃易爆危险品进入公共场所或者乘坐公共交通工具

这里所说的公共场所，主要是指车站、码头，学校，医院，宾馆、饭店，商场，影剧院、歌舞厅，体育馆，会堂，候机、车、船厅等公共场所。公共交通工具，是指用于旅客运输且正在运营中的车辆、船只、航空器等机动和非机动交通工具，包括火车、长短途公共汽车、无轨电车、机动和非机动船只、民航客机和地铁列车、高架城铁列车、有轨电车、磁悬浮列车等城市轨道交通车辆等。

4. 易燃易爆危险品场所的设置应当符合消防安全要求

1）生产、储存、装卸易燃易爆危险品的工厂、仓库和专用车站、码头的设置，应当符合消防技术标准。这项要求包含两层含义：①对于新建、改建、扩建的生产、储存、装卸易燃易爆危险品的工厂、仓库和专用车站、码头的位置，应当符合消防技术标准的要求，如装卸易燃易爆危险品的专用车站、码头，应设置在城市或港区的独立安全地段；②对于已经设置的生产、储存、装卸易燃易爆危险品的工厂、仓库和专用车站、码头，不符合消防技术标准要求的，如与重要桥梁、公共建筑的防火间距不足或位于其上游等，依据《消防法》的规定由地方人民政府组织、协调有关部门、单位限期解决。

2）易燃易爆气体和液体的充装站、供应站、调压站，应当设置在符合消防安全要求的位置，并符合防火防爆要求。

3）生产、储存、经营易燃易爆危险品的场所不得与居住场所设置在同一建筑物内，并应当与居住场所保持安全距离。

（四）在具有火灾、爆炸危险的场所明火作业的消防安全管理

原则上，在具有火灾、爆炸危险的场所禁止吸烟和使用明火。但由于生产生活中不可避免地要使用明火，对确有必要在一些具有火灾、爆炸危险的场所使用明火的，法律作了特别规定，即在有火灾、爆炸危险的场所使用明火必须具备下列条件：①必须是因施工等特殊情况需要。特殊情况需要，主要是指由于施工、保养、修理等工作需要必须使用明火作业的情况。②作业单位必须按照规定，经过单位有关部门批准、办理了审批手续。这里的审批，是指单位内部所规定的审批程序。③作业单位采取了相应的消防安全措施。如安排专人在作业现场监护，确认无火灾、爆炸危险，疏散无关人员，配置有关消防器材等措施。④作业人员必须遵守消防安全规定。其中进行电焊、气焊等具有火灾危险作业的人员，必须取得职业资格证书，持证上岗。

【案例】 2010年6月15日下午3点，某船船东通知涂装车间明某将该船111分段挂舵臂上的吊耳马脚割除。明某通知了分段车间，分段车间负责人通知了该分段承包建造单位乙公司。乙公司现场主管白某接到通知后要求办理动火申请。随即，分段车间现场管理人员朱某填写了《三级明火作业许可证书》，对作业前施工方已采取的防范措施进行确认签字后向安环部申请动火许可。安环部安全员颜某接到朱某电话申请后，未到作业点察看，就提出“要有监护人和高空作业挂好安全带”两点防范措施，并于15:30签字批准动火。白某得到动火许可后，通知工人宾某（未取得特种作业资格证书）、孙某到111分段挂舵臂顶部割除吊耳马脚。15:40，宾某站在挂舵臂顶部减轻孔内作业时，减轻孔内突然发生爆炸，宾某被气流冲出减轻孔摔落至分段表面后又坠落至地面，后经抢救无效死亡。引发气体爆炸的直接原因是：减轻孔内油漆挥发、形成爆炸性混合气体，宾某割除马脚时产生的火花溅落至减轻孔内导致爆炸。

此案中，分段车间朱某、安环部安全员颜某未能检查动火点周围相邻的舱室、空间是否存在易燃易爆物品和测爆，擅自批准动火，安排未取得特种作业资格证书的工人宾某从事气割作业均违反了在具有火灾、爆炸危险的场所明火作业的消防安全管理规定。

（五）电器产品、燃气用具的消防安全管理

为了防止电器产品、燃气用具本身及使用存在消防安全隐患，《消防法》规定了电器产品、燃气用具的消防安全要求：①电器产品、燃气用具的产品标准，如《电力法》《电力设施保护条例》《城镇燃气管理条例》等的相关要求，应当符合消防安全的要求；②电器产品、燃气用具的安装、使用及其线路、管路的设计、敷设、维护保养、检测，必须符合消防技术标准和管理规定。例如，空调器具安装时，空调器具的电压必须和电源电压相符，同时要做好保护接地；电源线要选择适当，防止绝缘损坏或接触不良等。

【链接阅读】

电器产品，是指接通和断开电路或控制、调节以及保护电路和设备的电工器具或装置，如开关、变阻器、插座等，以及日常生活中以电作能源的器具，如照明灯具、电视机、电冰箱、微波炉、空调、电饭煲等。燃气用具，是指生产、生活中使用的天然气、液化石油气、人工煤气（煤制气、重油制气）等气体燃料的器具及其配件，主要是指燃气灶具、公用燃气炊事器具、燃气烘烤器具、燃气热水、开水器具、燃气取暖器具、燃气交通运输工具、燃气冷暖机及燃气计量器、钢瓶及调压器等。这些产品与用具是生产和生活中经常使用的，也是容易引起火灾的产品。

（六）消防技术服务机构及其执业人员的管理

1. 消防技术服务机构及其执业人员必须具备相应的资质、资格

消防技术服务，主要是指消防产品质量认证、消防设施检测、消防安全监测等消防技术服务。消防产品质量认证、消防设施检测、消防安全监测是技术性很强的服务活动，为保证服务机构能向社会提供合格的技术服务，这些服务机构及其执业人员，必须具备相应的资质、资格，才能执业。

2. 消防技术服务机构及其执业人员的执业要求

具备资质、资格的消防技术服务机构和执业人员，必须依照法律、行政法规、国家标准、行业标准和执业准则，接受委托提供消防技术服务，对服务质量负责。即保证其所提供的服务符合法律、法规和相关规定的要求，承担因所提供服务的质量不符合相关要求而产生的民事责任、行政责任和刑事责任等。

第四节　消防组织与灭火救援

消防组织，是指承担火灾扑救和应急救援工作的各种形式的消防队伍，是保障社会抗御灾害事故能力的重要力量之一。目前，我国已经形成了以公安消防队为主体的多种形式消防队伍并存的消防组织体制。

一、消防组织的主要类型

（一）公安消防队

公安消防队，是指实行现役制、纳入中国人民武装警察部队序列、由公安机关消防机构

领导的消防组织。公安消防队的成员执行中国人民解放军条令条例和供给标准，享受解放军同等待遇。

（二）专职消防队

专职消防队也称政府专职消防队，是指由县级以上人民政府出资建设、管理、使用、维护和保障的消防组织。专职消防队的建立，应当符合国家有关规定，并报当地公安机关消防机构验收。专职消防队的队员依法享受社会保险和福利待遇。

（三）单位专职消防队

单位专职消防队，是指企业、事业等单位按照国家规定投资建立的，专门从事防火、灭火工作的专业化消防组织。其职责主要是承担本单位的火灾扑救工作。有其他扑救火灾的需要时，接受公安消防队的调动指挥参加火灾扑救工作。

按照《消防法》的规定，建立单位专职消防队并非是对所有单位的要求，而是对一些特殊单位的特别要求。依法应当建立单位专职消防队的单位包括：①大型核设施单位、大型发电厂、民用机场、主要港口；②生产、储存易燃易爆危险品的大型企业；③储备可燃的重要物资的大型仓库、基地；④除上述单位以外的火灾危险性较大、距离公安消防队较远的其他大型企业；⑤距离公安消防队较远、被列为全国重点文物保护单位的古建筑群的管理单位。

（四）乡镇专职消防队

乡镇专职消防队，是指由乡镇人民政府根据需要出资建设的消防组织，这类专职消防队主要建在人口多、国内生产总值较大的建制镇。一般由乡镇公安派出所代管。其职责主要是承担辖区和周边地区的火灾扑救工作。

（五）志愿消防组织

志愿消防组织，主要是指机关、团体、企业、事业等单位以及村民委员会、居民委员会根据需要建设的，由身体条件好、热心公益事业、责任心强的成员组成的消防队。队员平时为民，战时为兵，即平时在各自岗位从事生产、经营或劳动，接到火警后则迅速赶到消防队参加灭火战斗。其职责主要是承担本单位、本地区的火灾预防和火灾扑救工作。遇到重大灾害事故时，协助专职消防队或公安消防队维持火灾现场秩序，开展物资和人员疏散等工作。

二、公安消防队、专职消防队的职责

根据《消防法》的规定，公安消防队和专职消防队的法定职责主要有两项：

（一）承担火灾扑救工作

公安消防队和专职消防队是火灾预防、灭火救援的专业力量，接到火灾报警后必须立即赶赴火灾现场，救助遇险人员，排除险情，扑救火灾。

火灾扑救工作涉及面广、专业性强，对于有多个参战力量的火灾现场，《消防法》还对火灾现场扑救的组织和指挥作了相关规定：

1）规定了由公安机关消防机构统一组织和指挥火灾现场扑救。

2）规定了组织指挥火灾扑救时，坚持“救人第一”的指导思想，优先保障遇险人员的生命安全，把保护人民群众生命安全作为事故处置的首要任务。

3）规定了火灾现场总指挥的具体权限。火灾现场总指挥根据火灾扑救的需要，有权决定下列事项：①使用各种水源；②截断电力、可燃气体和可燃液体的输送，限制用火用电；

③划定警戒区，实行局部交通管制；④利用邻近建筑物和有关设施；⑤为了抢救人员和重要物资，防止火势蔓延，拆除或者破损毗邻火灾现场的建筑物、构筑物或者设施等；⑥调动供水、供电、供气、通信、医疗救护、交通运输、环境保护等有关单位协助灭火救援。

（二）承担应急救援工作

根据《消防法》第37条的规定，公安消防队、专职消防队应急救援的范围可以笼统地概括为以下两大类：①重大灾害事故的应急救援工作；②其他以抢救人员生命为主的应急救援工作。

【链接阅读】

重大灾害事故，就目前来讲主要是指《国务院关于进一步加强消防工作的意见》（国发〔2006〕15号）中规定的范围，主要包括危险化学品泄漏、道路交通事故、地震及其次生灾害、建筑坍塌、重大安全生产事故、空难、爆炸及恐怖事件和群众遇险事件的救援工作。在上述重大灾害事故和其他以抢救人员生命为主的应急救援工作中，公安消防队、专职消防队主要承担将人员从处于危险的状态中抢救出来的阶段性任务，即在应急救援中，对于发现的受伤人员应及时、安全、有效地将其抢救出危险区。

三、灭火救援的保障

为了保障灭火与应急救援工作顺利实施，及时处理火灾及其他重大灾害事故，《消防法》规定了灭火救援的保障制度，主要包括：

（一）政府为灭火救援提供人员、装备等保障

灾害事故具有多样性、复杂性、多变性，单靠某一方面力量或几个方面力量显然是不够的。公安消防队、专职消防队只是火灾扑救和应急救援的专业力量，灾害发生时，需要政府调用社会可用的一切资源参加处置，如技术装备、专家、医疗救护、交通、通信等，为火灾扑救和应急救援工作提供人员、装备等保障。

（二）消防车、消防艇、消防器材、装备和设施实行专用制度

消防车，主要是指灭火消防车、专勤消防车、后援消防车、举高消防车等各类消防车辆。消防艇，是指用于灭火的船舶。消防器材、装备，包括消防人员的防护装备、灭火器材、抢险救援器材、照明器材、通信器材等。它们是进行灭火和应急救援的重要武器，为了保证其处于经常性的战备状态，以适应随时出动进行灭火和应急救援的需要，《消防法》明确规定，禁止消防车、消防艇以及消防器材、装备和设施用于与消防和应急救援工作无关的事项。例如，用消防车为花卉等浇水，将消防通信设施用于个人事务等，都是不允许的，造成严重后果的，相关人员要承担法律责任。

（三）消防车、消防艇优先通行

消防车、消防艇所执行的任务的性质决定了其在赶赴灾害现场时必须分秒必争，迅速赶到现场，尽可能地减少人员伤亡和财产损失。因此，《消防法》规定，消防车、消防艇执行火灾扑救和应急救援任务不受交通限制，享有优先通行权。

优先通行权的具体内容包括：①在确保安全的前提下，不受行驶速度、行驶路线、行驶方向和指挥信号的限制，其他车辆、船舶以及行人应当让行，不得穿插超越；②收费公路、桥梁免收车费。

【链接阅读】

这里的不受行驶速度、行驶路线、行驶方向和指挥信号的限制，是指消防车、消防艇接到出动任务后，不受公安交通管理部门规定的交通规则的限制，可以超速行驶，可以使用平时不允许使用的道路或水域，可以逆行，可以不受红绿灯的限制。需要注意的是，消防车、消防艇不受交通限制的前提是要保证交通安全，而不是可以不顾交通安全任意违反交通规则。其他车辆、船舶以及行人应当让行，不得穿插超越，是指消防车、消防艇在接警出动途中，其他任何非抢险救援的车辆、船舶以及行人应主动让行，不得占道、抢行、穿插和超越。

（四）灭火救援人员、装备和物资优先运输

为保证前往扑救火灾或应急救援的人力、物力能够得到迅速集结，《消防法》规定，赶赴火灾现场或者应急救援现场的消防人员和调集的消防装备、物资，需要铁路、水路或者航空运输的，有关单位应当优先运输。在抢运过程中，为确保救援工作需要，应当允许运输器材装备用的油料、压缩气体和其他必要的药剂、洗消剂等物品，不受常规运输条件等要求的限制。

第五节 法律责任

一、消防法律责任的概念

消防法律责任，是指消防责任主体违反法定的消防安全义务所应当承担的不利的法律后果，即解决哪些行为应负法律责任、谁应负法律责任和应负什么责任的问题。

为了预防火灾和减少火灾带来的危害，保护国家、社会以及公民个人的生命财产安全，保障我国消防安全工作顺利进行，鼓励遵守消防安全秩序的单位和个人发扬守法精神，惩治违反消防安全的单位和个人，《消防法》“第六章　法律责任”规定了具体的消防违法行为及其应当承担的法律后果。

二、消防法律责任形式

根据《消防法》《刑法》《行政处罚法》《国务院关于特大安全事故行政责任追究的规定》《生产安全事故报告和调查处理条例》等，追究消防违法行为法律责任的形式有两种，即消防行政责任和消防刑事责任，两种形式可以单独适用，也可以并用。

（一）消防行政责任

消防行政责任，是指行为人违反有关消防法规的规定，尚未构成犯罪的行为所依法应当承担的否定性的法律后果。

（二）消防刑事责任

消防刑事责任，是指行为人违反消防法规的有关规定发生重大伤亡事故或者造成其他严重后果构成犯罪的，由司法机关依照刑法和刑事诉讼程序，给予刑罚处罚的一种法律责任。

为了制裁严重的消防违法行为，《消防法》规定：“违反本法规定，构成犯罪的，依法追究刑事责任。”消防刑事犯罪的相关内容，详见第七章内容。

三、消防违法行为的行政责任

行政责任在追究消防违法行为的法律责任方式中运用最多。行政责任又分为两类：行政处分和行政处罚。

（一）行政处分

行政处分，是指对国家工作人员以及在机关、团体、企业、事业单位任职的人员的消防违法行为，由所在单位或者其上级主管机关给予的一种制裁性措施。

行政处分属于内部行政责任。《消防法》对于行政处分的对象和具体的违法行为作了规定，包括以下三种情况：

1. 单位消防安全事务的主管人员和相关负责人违反消防法律规定

《消防法》第 67 条规定："机关、团体、企业、事业等单位违反本法第 16 条、第 17 条、第 18 条、第 21 条第 2 款规定的，责令限期改正；逾期不改正的，对其直接负责的主管人员和其他直接责任人员依法给予处分或者给予警告处罚。"这里的处分，是指国家机关、企事业单位，按隶属关系，根据国家法律或国家机关、企事业单位的规章制度规定，对责任人作出的一种制裁性处理。行政处分的主要形式有警告、记过、记大过、降级、降职、撤职、留用察看、开除等。

2. 公安机关消防机构的工作人员违反消防法律规定

公安机关消防机构的工作人员违反消防法律规定给予行政处分的具体违法行为包括：①对不符合消防安全要求的消防设计文件、建设工程、场所准予审核合格、消防验收合格、消防安全检查合格的；②无故拖延消防设计审核、消防验收、消防安全检查，不在法定期限内履行职责的；③发现火灾隐患不及时通知有关单位或者个人整改的；④利用职务为用户、建设单位指定或者变相指定消防产品的品牌、销售单位或者消防技术服务机构、消防设施施工单位的；⑤将消防车、消防艇以及消防器材、装备和设施用于与消防和应急救援无关的事项的；⑥其他滥用职权、玩忽职守、徇私舞弊的行为。

【链接阅读】

《消防法》第 71 条规定："公安机关消防机构的工作人员滥用职权、玩忽职守、徇私舞弊，有下列行为之一，尚不构成犯罪的，依法给予处分……"这里的处分，主要是指行政处分，对不同体制下的公安机关消防机构的工作人员的行政处分执行不同的依据。对于实行现役制的消防工作人员的行政处分，适用《中国人民解放军纪律条令》，其行政处分的种类有七种：警告、严重警告、记过、记大过、降职（级）或者降衔（级）、撤职、开除军籍。对于实行公安职业制的消防工作人员的行政处分，执行《公务员法》，行政处分的种类有六种：警告、记过、记大过、降级、降职、开除。对于受行政处分的人民警察，依法还可以降低警衔、取消警衔。

3. 有关行政主管部门的工作人员违反消防法律规定

《消防法》第 71 条第 3 款规定："建设、产品质量监督、工商行政管理等其他有关行政主管部门的工作人员在消防工作中滥用职权、玩忽职守、徇私舞弊，尚不构成犯罪的，依法给予处分。"

（二）行政处罚

行政处罚，是指具有行政处罚权的行政主体为维护公共利益和社会秩序，依法对违反行政法律法规而尚未构成犯罪的行政相对人实施的一种法律制裁措施。《消防法》具体规定了不同的消防违法行为应受何种处罚。根据《消防法》的规定，消防行政处罚的种类有七种：警告，罚款，没收违法所得，责令停产停业，责令停止施工、停止使用，责令停止执业或者吊销相应资质、资格，拘留。这些种类的消防行政处罚分别适用于不同的消防违法行为，具体情况如下：

1）对建设工程未经消防设计审核擅自施工或者消防设计审核不合格擅自施工、消防设计经抽查不合格不停止施工的消防违法行为，责令停止施工，并处3万元以上30万元以下罚款。

2）对建设工程未经消防验收擅自投入使用或者消防验收不合格擅自投入使用、建设工程投入使用后经抽查不合格不停止使用的消防违法行为，责令停止使用，并处3万元以上30万元以下罚款。

3）对公众聚集场所未经消防安全检查擅自投入使用、营业或者经消防安全检查不合格擅自投入使用、营业的消防违法行为，责令停止使用或者停产停业，并处3万元以上30万元以下罚款。

4）对建设单位未进行建设工程消防设计备案或者未进行竣工消防备案的消防违法行为，责令限期改正，处5000元以下罚款。

5）对建设单位违法要求建筑设计单位或者建筑施工企业降低消防技术标准设计、施工；建筑设计单位不按照消防技术标准强制性要求进行消防设计；建筑施工企业不按照消防设计文件和消防技术标准施工，降低消防施工质量；工程监理单位与建设单位或者建筑施工企业串通，弄虚作假，降低消防施工质量的消防违法行为，责令改正或者停止施工，并处1万元以上10万元以下罚款。

6）对单位消防设施、器材或者消防安全标志的配置、设置不符合国家标准、行业标准，或者未保持完好有效；人员密集场所在门窗上设置影响逃生和灭火救援的障碍物；对火灾隐患经公安机关消防机构通知后不及时采取措施消除的消防违法行为，责令其改正的同时处5000元以上5万元以下罚款。

7）对单位损坏、挪用或者擅自拆除、停用消防设施、器材；占用、堵塞、封闭疏散通道、安全出口或者有其他妨碍安全疏散行为；埋压、圈占、遮挡消火栓或者占用防火间距；占用、堵塞、封闭消防车通道，妨碍消防车通行的消防违法行为，责令改正的同时处5000元以上5万元以下罚款。个人有上述违法行为的，处警告或者500元以下罚款。

8）对生产、储存、经营易燃易爆危险品的场所与居住场所设置在同一建筑物内，或者未与居住场所保持安全距离；生产、储存、经营其他物品的场所与居住场所设置在同一建筑物内，不符合消防技术标准的消防违法行为，责令停产停业，并处5000元以上5万元以下罚款。

9）对违反有关消防技术标准和管理规定生产、储存、运输、销售、使用、销毁易燃易爆危险品；非法携带易燃易爆危险品进入公共场所或者乘坐公共交通工具；谎报火警；阻碍消防车、消防艇执行任务；阻碍公安机关消防机构的工作人员依法执行职务的消防违法行为，依照《治安管理处罚法》第30条的规定，对违法行为人处10日以上15日以下拘留。情节较轻的，处5日以上10日以下拘留。

10）对违反消防安全规定进入生产、储存易燃易爆危险品场所；违反规定使用明火作业或者在具有火灾、爆炸危险的场所吸烟、使用明火的消防违法行为，对违法行为人处警告或者500元以下罚款。情节严重的，处5日以下拘留。

11）对指使或者强令他人违反消防安全规定，冒险作业；过失引起火灾；在火灾发生后阻拦报警，或者负有报告职责的人员不及时报警；扰乱火灾现场秩序，或者拒不执行火灾现场指挥员指挥，影响灭火救援；故意破坏或者伪造火灾现场；擅自拆封或者使用被公安机关消防机构查封的场所、部位的消防违法行为，尚不构成犯罪的，对违法行为人处10日以上15日以下拘留，可以并处500元以下罚款。情节较轻的，处警告或者500元以下罚款。

12）对人员密集场所使用不合格的消防产品或者国家明令淘汰的消防产品，经责令改正逾期未改的消防违法行为，处5000元以上5万元以下罚款，并对其直接负责的主管人员和其他直接责任人员处500元以上2000元以下罚款；情节严重的，责令停产停业。这里的情节严重的情形，主要是指大量使用不合格消防产品、使用不合格消防产品造成重大火灾隐患，以及虚假改正等情况。

13）对电器产品、燃气用具的安装、使用及其线路、管路的设计、敷设、维护保养、检测不符合消防技术标准和管理规定，经责令改正逾期不改正的消防违法行为，责令停止使用，可以并处1000元以上5000元以下罚款。

14）对人员密集场所发生火灾时现场工作人员不履行组织、引导在场人员疏散的义务，情节严重，尚不构成犯罪的，处5日以上10日以下拘留。

15）对消防产品质量认证、消防设施检测等消防技术服务机构出具虚假文件的消防违法行为，责令改正，处5万元以上10万元以下罚款，并对直接负责的主管人员和其他直接责任人员处1万元以上5万元以下罚款；有违法所得的，并处没收违法所得；给他人造成损失的，依法承担赔偿责任；情节严重的，由原许可机关依法责令停止执业或者吊销相应资质、资格。对消防产品质量认证、消防设施检测等消防技术服务机构出具失实文件，给他人造成损失的，依法承担赔偿责任；造成重大损失的，由原许可机关依法责令停止执业或者吊销相应资质、资格。

自学指导

本章学习重点：机关、团体、企业、事业等单位的消防安全职责，公民的消防安全义务，火灾预防的相关制度，保障灭火救援的相关规定，消防违法行为应承担的行政法律责任

1. 机关、团体、企业、事业等单位的消防安全职责内容：①落实消防安全责任制；②制定本单位的消防安全制度和消防安全操作规程；③按照国家标准、行业标准配置消防设施、器材，设置消防安全标志，并定期组织检验、维修；④对建筑消防设施每年至少进行一次全面检测；⑤组织防火检查，及时消除火灾隐患；⑥组织进行有针对性的消防演练。消防安全重点单位还应当：①确定本单位消防安全管理人员；②建立消防档案，确定消防安全重点部位；③进行每日防火巡查，并建立巡查记录；④对职工进行岗前消防安全培训，定期组织消防安全培训和消防演练。

2. 公民的消防安全义务包括：维护消防安全，预防火灾，保护消防设施，报告火警并提供报警条件，参加有组织的灭火工作。

3. 火灾预防的相关制度包括：建设工程消防安全管理制度，公众聚集场所消防安全管理制度，消防产品的消防安全管理制度及其他消防安全管理制度。

4. 保障灭火救援的相关规定包括：政府为灭火救援提供人员、装备等保障，消防车、

消防艇、消防器材、装备和设施实行专用，消防车、消防艇优先通行。

5. 消防违法行为应承担的行政法律责任包括行政处分和行政处罚。

本章学习难点：消防工作方针，消防工作原则

1. 我国的消防工作方针是“预防为主，防消结合”。这一消防工作方针，科学、准确地表达了“防”和“消”的辩证关系，体现了消防工作的要求：一方面要求消防工作立足于防患于未然，把预防火灾放在首位；另一方面要求把同火灾作斗争的两个基本手段——防火和灭火有机地结合起来。

2. 消防工作的原则，是指适用于全部消防工作的基本准则和内在精神。我国消防工作的原则是政府统一领导、部门依法监管、单位全面负责、公民积极参与。其本质是政府、政府部门、单位、公民四者都是消防安全责任主体，构成上下、左右纵横交错的责任网络，共同构筑消防安全工作格局，任何一方都非常重要，不可偏废。

复习思考题

一、单项选择题（每题设四个选项，其中只有一个正确答案，将其选出并将代表它的ABCD填写在题后的括号内，多选、错选或不选均不得分）

1. 协调解决影响公共安全的重大火灾隐患是（　　）的职责。

A. 各级人民政府　　B. 公安机关

C. 公安机关消防机构　　D. 社会单位

2. 确定单位的消防安全管理人员是（　　）的职责。

A. 所有社会单位　　B. 消防安全重点单位

C. 公安机关　　D. 公安机关消防机构

3. 使用或开业前需要申报消防安全检查的场所是（　　）。

A. 宾馆　　B. 法院办公大楼　　C. 高层民用建筑　　D. 化工厂

4. 某人搭建了一个柴草棚，把路边的一个消火栓圈进去了，他的这种行为依照《消防法》可以处（　　）。

A. 警告　　B. 罚款　　C. 行政拘留　　D. A 或 B

二、填空题（将正确的答案填写在括号中）

1. 《消防法》的立法宗旨是：预防火灾和减少火灾危害，（　　　），保护人身、财产安全，维护公共安全。

2. 消防工作的方针是：预防为主，（　　　）。

3. 《消防法》不适用（　　　）、草原的消防工作。

三、名词解释

1. 消防安全重点单位

2. 消防产品

3. 消防法律责任

4. 消防行政责任

四、简答题

1. 简述公民的消防安全义务。

2. 消防工作的原则是什么？

五、论述题

1. 论述“预防为主，防消结合”的消防工作方针所体现的消防工作要求。

2. 论述我国消防产品的消防安全管理制度。

六、案例分析题

1. 刘某在外地打工准备回家，将从朋友处索要的2kg炸药、5个雷管以及部分导火索（准备回村到河里去炸鱼）与行李打成一个大包，准备坐长途汽车返回老家。在候车室候车时，被巡检的民警发现。请分析刘某的行为违反了哪项消防安全规定？

2. 初一学生小明放学回家发现邻居王大叔家着火了，便要报告火警。王大叔担心报警会引起消防部门对火灾原因的调查而承担责任，于是不同意让小明报警，并塞给小明一个脸盆，招呼小明帮助端水灭火。路人甲经过此地发现火灾，便到附近小卖店拨打119报警，店主李某向其索要电话费。请分析材料中有哪些消防违法行为？

3. 王某经营一家社区超市。春节前，王某私自在超市的门前搭建售货棚，将大量的爆竹、烟花存放其中。售货棚紧靠土产公司宿舍，中间未留任何间距。请分析王某的行为违反了哪项消防安全规定？

第三章　消防安全相关法律

学习目标

1. 应了解、知道的内容：

◇《行政强制法》的适用范围。

2. 应理解、清楚的内容：

◇ 行政处罚、行政强制、行政许可、行政复议、治安管理处罚的概念。

◇ 行政许可的撤销。

◇ 违反治安管理的行为。

3. 应掌握、会用的内容：

◇ 行政处罚、行政强制、行政许可、行政复议的基本原则。

◇ 行政处罚的实施机关与行政处罚的执行。

◇ 行政机关实施行政强制措施、行政强制执行的相关规定。

◇ 行政许可的种类。

◇ 行政复议参加人、行政复议机关、行政复议的管辖以及行政复议程序。

◇ 治安管理处罚的适用。

4. 应熟练掌握的内容：

◇ 行政处罚的种类、适用及行政处罚的决定程序。

◇ 行政强制的种类。

◇ 行政许可的实施。

◇ 申请行政复议的事项范围。

◇ 治安管理处罚的种类、程序。

自学时数　8 学时。

老师导学

在法律层面上，除了专门对消防安全事务进行调整和规范的《消防法》外，还有与消防安全相关度较大的法律。依照特别法优于一般法的原则，如果《消防法》已经作出特别规定，则适用《消防法》的规定；如果《消防法》就某事项没有作出特别规定，则适用一般法的规定。结合消防管理实践，本章主要对《行政处罚法》《行政强制法》《行政许可法》《行政复议法》《治安管理处罚法》等主要的消防安全相关行政法律作简要介绍。在本章的学习中，重在理解、掌握相关知识点，理论联系实际。

第一节　行政处罚法

《行政处罚法》于 1996 年 3 月 17 日由第八届全国人民代表大会第四次会议通过，自 1996 年 10 月 1 日起施行。该法共 8 章 64 条，主要对行政处罚的原则、行政处罚的种类和设定、行政处罚的实施机关、行政处罚的管辖和适用、行政处罚的决定与执行、法律责任等作了规定，旨在规范行政处罚的设定和实施，保障和监督行政机关有效实施行政管理，维护公共利益和社会秩序，保护公民、法人或者其他组织的合法权益。该法的实施，完善了我国行政程序法律制度，健全了我国法律责任制度，使我国的刑事责任、民事责任和行政责任三大法律责任制度框架基本建立。

《行政处罚法》是一般行政法，是所有行政执法领域在实施行政处罚时所必须遵守的一般规定。《消防法》则就消防行政处罚作出了具体规定。《行政处罚法》与《消防法》是一般法与特别法的关系。

一、行政处罚的概念

行政处罚，是指具有行政处罚权的行政主体为维护公共利益和社会秩序，保护公民、法人或其他组织的合法权益，依法对行政相对人违反行政法律法规而尚未构成犯罪的行为所实施的法律制裁。

二、行政处罚的基本原则

（一）处罚法定原则

处罚法定，是指处罚依据、实施处罚的主体、实施处罚的权限、处罚程序应法定。处罚法定原则是行政合法性原则在行政处罚行为中的集中体现。

（二）公正原则

公正，就其词义来说，是指公平正直、没有偏私。公正原则要求设定和实施行政处罚要遵守公正原则。具体而言，在设定上，所设定的行政处罚应当科学、合理，行政处罚种类的设定以及行政处罚幅度的设定应考虑违法行为的事实、性质、情节及社会危害程度，做到罚当其过，不能畸轻畸重；在实施上，行政机关的具体行政处罚行为应当公正，具体行政处罚行为的作出，应当以法律规范为依据，并以违法事实、违法性质、情节以及社会危害后果为根据，相同情况相同对待，不同情况区别对待。

（三）公开原则

公开原则，是指行政处罚的各个环节要让当事人以及社会公众知晓和明白，这有利于相对人对行政处罚的监督。公开原则是公正原则得以实现的保障，也是公正原则的必然要求。公开原则的要求如下：①对违法行为给予行政处罚的依据必须公开，未经公布的，不得作为行政处罚的依据；②行政处罚的程序公开；③行政处罚的决定公开。

（四）一事不再罚原则

一事不再罚原则，是指对当事人的同一违法行为不得给予两次以上罚款的行政处罚。一事，是指符合一个行政违法构成要件的行为，即同一个违法行为。违法行为，是指当事人违反行政法规的行为或者违反行政管理秩序的行为，而非其他违法或违纪行为。同一个违法行为，是指当事人实施了一个违反行政法规的行为或者一个违反行政管理秩序的行为，当事人在客观上仅有一个独立完整的违法事实。理解这一概念需要注意以下几点：①同一个违法行为是一个独立的违法行为而非一类违法行为；②同一个违法行为在实施的主体上，是同一违法行为人；③出于同一违法故意，连续实施数个独立的、符合数个违法构成的同一性质的违法行为，如行为人反复违法关闭消防设施的行为，触犯同一法律规范规定的，对连续行为以行政机关发现并处罚为界限来界定是否属“一事”；④某种违法行为从开始到终止前，在时间上一直处于继续状态的，如行为人在一段时期内违法占用疏散通道，不分时间长短，都界定为“一事”。不再罚，是指对行为人的同一违法行为进行处罚后，同一行政处罚主体或者其他行政处罚主体不得给予第二次及以上的罚款处罚。一事不再罚原则的目的在于防止重复处罚、多主体处罚，保护行政相对人的合法权益。

（五）处罚与教育相结合的原则

行政处罚是法律制裁的一种形式，但又不仅仅是一种制裁，它兼有惩戒与教育的双重功能。处罚不是目的，而是手段，是通过处罚达到教育的目的。行政机关在行政处罚的适用中应当始终坚持处罚与教育相结合。

（六）保障当事人合法权利原则

保障当事人合法权利原则，是指在行政处罚过程中对当事人的合法权利应予以充分保障，任何机关不得随意侵犯。在行政处罚的过程中，当事人享有的合法权利主要有：

1. 陈述权、申辩权

陈述权，是指当事人在行政处罚中就案件事实情况作出陈述的权利。申辩权，是指当事人对所主张的事实、理由、依据进行质证和辩解的权利。

2. 听证权

听证权，是指当事人在行政机关对其作出重大处罚决定前有权通过申请获得在公开组织的听证会上陈述和申辩，充分阐明观点，发表意见，以期得到公正处理的权利。

3. 复议权

复议权，是指当事人认为行政机关的具体行政行为违法或不当致使其合法权利受到侵害，请求法定的复议机关依法审查该行政行为并作出处理决定的权利。

4. 诉讼权

诉讼权，是指当事人对行政机关的具体行政行为不服，依法向人民法院起诉，要求法院运用国家审判权对该行为是否合法进行审查和判决的权利。

5. 赔偿权

赔偿权，是指当事人在行政机关违法实施行政处罚给其合法权益造成损害时要求该行政机关给予行政赔偿的权利。

（七）时效原则

行政处罚的追究时效，是指行政处罚机关和其他有处罚权的组织对违法行为人依法追究法律责任的有效期限，如果超出这一期限，则不再追究。《行政处罚法》规定，违法行为在2年内未被发现的，不再给予行政处罚。法律另有规定的除外。例如，行为人过失引起火灾，如果公安机关消防机构在2年内未发现，则由于超出了追究时效不能再给予行为人行政处罚。

三、行政处罚的种类

（一）警告

警告，是指行政处罚实施机关对有违法行为的公民、法人或者其他组织提出告诫，使其认识所应负的责任的一种处罚。警告是最轻的一种行政处罚，一般适用于较轻微、对社会危害程度不大的行政违法行为。

（二）罚款

罚款，是指由行政处罚实施机关依照法定程序强制尚不构成犯罪的违法行为人在一定期限内缴纳一定数额金钱的处罚。罚款是一种财产罚，是行政处罚的一种主要形式。

（三）没收违法所得和非法财物

没收违法所得和非法财物，是指由行政处罚实施机关依法将行为人违法所获得的财物或非法财物强制无偿收归国有的一项行政处罚措施。没收是一种较为严厉的财产罚，其执行领域具有一定程度的限定性，只有对那些为谋取非法收入而违反法律法规的公民、法人及组织才可以实行这种财产罚。

（四）责令停产停业

责令停产停业，是指行政处罚实施机关依法强制违法的行政相对人停止生产、停止营业。责令停产停业是一种限制违法者生产或经营能力的处罚，并未最终剥夺其生产或经营的资格。同时，这也是一种较为严厉的行政处罚方式。因此，这种处罚常附有期限，在相对人改正了违法行为，履行了法定义务以后，可以恢复曾被停止的生产经营活动。

（五）暂扣或吊销许可证、暂扣或吊销执照

许可证与执照，是指行政主管机关应公民、法人或其他组织的申请依法颁发的准许申请人从事某种活动的书面文件，是公民、法人或者其他组织享有某种权利的凭证。暂扣或者吊销许可证、执照，是指由发证的行政机关，对违反行政管理法规的公民、法人或者其他组织依法实行暂时扣留其许可证或执照，剥夺其从事某项生产或经营活动权利的行政处罚。暂扣或者吊销许可证、执照是比责令停产停业更为严厉的一种行为能力罚。

（六）行政拘留

行政拘留，是指行政处罚实施机关依法在短期内限制违法行为人人身自由的一种行政处罚。行政拘留是最严厉的一种行政处罚，通常适用于严重的行政违法但不构成犯罪，而警告、罚款处罚又不足以惩戒的行为。

（七）法律、行政法规规定的其他行政处罚

前述的六种处罚是行政处罚的基本种类，《行政处罚法》在行政处罚的种类中还规定了“法律、行政法规规定的其他行政处罚”，规定“法律、行政法规规定的其他行政处罚”，是为了避免其他法律和行政法规就某行政执法领域规定的特定的处罚种类的遗漏和为今后立法中可能出现的新的处罚种类留有空间。

四、行政处罚的实施机关

根据《行政处罚法》的规定，行政处罚的实施机关包括行政机关、法律法规授权的组织和行政机关委托的组织。

（一）行政机关

行政处罚由具有行政处罚权的行政机关在法定职权范围内实施。例如，根据《消防法》的规定，公安机关具有消防行政处罚权，可以实施消防行政处罚。

（二）法律法规授权的组织

法律、法规授权的具有管理公共事物职能的组织，可以在法定授权范围内以自己的名义实施行政处罚。

（三）行政机关委托的组织

行政机关委托的组织，是指接受行政机关的委托，行使应由行政机关行使的行政处罚权的组织。行政机关委托的组织在委托范围内，以行政机关的名义实施行政处罚，行政机关对被委托组织实施行政处罚的行为进行监督并承担相应的法律后果。

五、行政处罚的适用

行政处罚的适用，是指行政处罚实施机关在认定相对人违法的基础上，依法决定对相对人是否给予行政处罚和如何处以行政处罚的活动。

（一）行政处罚适用的条件

行政处罚的适用必须具备一定的条件，否则即为违法或无效的行政处罚。行政处罚适用的条件包括前提条件、主体条件、对象条件和时效条件。

1）行政处罚适用的前提条件，即公民、法人或其他组织的行政违法行为客观存在。

2）行政处罚适用的主体条件，即行政处罚必须由享有法定行政处罚权的主体实施。

3）行政处罚适用的对象条件，即行为人应具有一定的责任能力，违法行为人可以是法人、其他组织和年满 14 周岁且精神正常的人。

4）行政处罚适用的时效条件，即对行为人实施行政处罚，还需其违法行为未超过追究时效。超过法定追究时效的，不得对违法者适用行政处罚。

（二）行政处罚的适用方式

1. 不予处罚和免予处罚

不予处罚，是指某一行为不完全具备行政违法行为的构成要件，或者虽然形式上具备了行政违法行为的构成要件，但由于存在法定事由而免除该行为的违法性，因而不给予行政处罚。也就是说，不予处罚的行为，在法律上不认为是违法，因而不给予行政处罚。根据《行政处罚法》的规定，下列情形不予处罚：①不满 14 周岁的人有违法行为的；②精神病人在不能辨认或不能控制自己行为时有违法行为的；③违法行为轻微并及时纠正，没有造成危害后果的。例如，在防火卷帘下堆放杂物，经公安机关消防机构指出，单位立即清除杂物，又没有造成危害后果，则不予处罚。

免予处罚，是指某一行为满足了行政违法行为的构成要件，属于行政违法行为，本应给予行政处罚，但基于法定事由或者立法的特殊考虑，而放弃追究其法律责任。也就是说，被免予处罚的行为，本身在性质上属于行政违法，只是被免除责任而不进行处罚。例如，违法行为在 2 年内未被发现的，免予行政处罚。

2. 从轻或减轻处罚

从轻处罚，是指在行政处罚的法定种类和法定幅度内，适用较轻的种类或者依照处罚的下限或者略高于处罚的下限给予处罚，但不能低于法定处罚幅度的最低限度。减轻处罚，是指在法定处罚幅度的最低限度以下给予处罚。根据规定，依法应当从轻或减轻处罚的情形有：①已满 14 周岁不满 18 周岁的人有违法行为的；②主动消除或减轻违法行为危害后果的；③受他人胁迫有违法行为的；④配合行政机关查处违法行为有立功表现的；⑤其他依法应从轻或减轻行政处罚的情形。

3. 从重处罚

从重处罚，是指在法定行政处罚限度内选择较重的处罚。《行政处罚法》未就从重处罚作出明确规定。有的特别法律、法规、规章，对从重处罚的情形作了明确规定。例如，《公安机关办理行政案件程序规定》规定公安机关办理行政案件中的从重情节有：①有较严重后果的；②教唆、胁迫、诱骗他人实施违法行为的；③对报案人、控告人、举报人、证人等打击报复的；④6 个月内曾受过治安管理处罚或者 1 年内因同类违法行为受到 2 次以上公安行政处罚的；⑤刑罚执行完毕、劳动教养解除 3 年内，或者在缓刑期间，违反治安管理的。

4. 处罚折抵

为有效解决行政处罚与刑罚并用的问题，避免出现先给予行政处罚又给予刑罚、行政处罚与刑罚不合理重叠交叉的问题，《行政处罚法》规定了行政处罚与刑罚折抵制度，即违法行为构成犯罪，人民法院判处拘役或者有期徒刑时，行政机关已经给予当事人行政拘留的，应当依法折抵相应刑期；违法行为构成犯罪，人民法院判处罚金时，行政机关已经给予当事人罚款的，应当折抵相应罚金。

5. 单处和并处

单处，是指行政执法主体对行政相对人的某一项行政违法行为仅仅处以一种形式的行政处罚。并处，是指行政执法机关对某一项行政违法行为处以两种或者两种以上形式的行政处罚。

六、行政处罚的决定程序

行政处罚的决定程序，是指行政机关依法查明公民、法人或者其他组织违反行政管理法律规范的行为，并给予行政处罚所应遵守的程序。行政处罚的决定程序包括简易程序和一般程序，听证是一般程序中的特殊程序，不是独立程序。

（一）简易程序

行政处罚的简易程序又称当场处罚程序，是指行政处罚主体对于事实清楚、情节简单、后果轻微的行政违法行为，当场作出行政处罚决定的程序。

1. 适用简易程序的条件

行政机关实施行政处罚通常应适用一般程序，但在具备下列条件时可以适用简易程序：①有法定依据，即法律、法规或规章明文规定这类行为应受处罚；②案情简单、违法事实清楚、证据确凿，无须进一步调查取证；③处罚较为轻微，即对个人处以 50 元以下的罚款或者警告，对组织处以 1000 元以下的罚款或者警告。

2. 简易程序的步骤

简易程序的步骤包括：①出示执法证件，表明执法人员身份；②告知作出行政处罚决定的事实、理由和根据；③听取当事人的陈述和申辩；④制作行政处罚决定书；⑤将行政处罚决定书当场交付当事人；⑥备案。

【案例】 某县公安消防大队在对加油站进行消防监督检查时，发现职工张某在加油站吸烟，消防大队执法人员立即责令张某停止吸烟，并对其处以 50 元罚款处罚，当场下达了行政处罚决定书。

此案中，张某在加油站吸烟违反了《消防法》第 21 条的规定，违法事实清楚，公安消防大队执法人员依据《消防法》第 63 条的规定对其处以 50 元罚款，于法有据。该案符合适用简易程序的三个条件。

（二）一般程序

一般程序也称普通程序，是实施行政处罚的基本程序，除依法适用简易程序实施的行政处罚以外，都应遵循一般程序。行政处罚的一般程序是相对于行政处罚的简易程序而言的。与简易程序相比，一般程序在制度上包括较为完备的程序规则，适用于大部分行政处罚案件。一般程序的步骤包括：

1. 立案

行政处罚程序中的立案，是指行政机关对于公民、法人或者其他组织的控告、检举或本机关在检查中发现的违法情况或重大违法嫌疑情况，认为有调查处理必要的，决定进行查处的活动。《行政处罚法》对立案程序未作统一的明确规定，但立案是行政处罚程序的开始，执法实践中大多数案件需要经过立案程序。

2. 调查取证

行政机关发现公民、法人或者其他组织有依法应当给予行政处罚的行为的，必须全面、客观、公正地调查，收集有关证据。执法人员与当事人有直接利害关系的，应当回避。

3. 告知处罚事实、理由、依据和有关权利

行政机关及其执法人员在作出行政处罚决定之前，应向当事人告知给予行政处罚的事实、理由、依据和当事人享有的权利。

4. 听取陈述、申辩或者举行听证会

行政机关在作出行政处罚决定之前，应当听取当事人的陈述和申辩。对当事人提出的事实、理由和证据，应当进行复核；当事人提出的事实、理由或者证据成立的，行政机关应当采纳。行政机关不得因当事人申辩而加重处罚。如果当事人要求举行听证，并且确实符合听证条件的，行政机关应当举行听证会。

5. 作出行政处罚决定

行政机关通过对调查结果进行审查，根据不同情况，分别作出如下决定：①确有应受行政处罚的违法行为的，根据情节轻重及具体情况，作出行政处罚决定；②违法行为轻微，依法可以不予行政处罚的，不予行政处罚；③违法事实不能成立的，不得给予行政处罚；④违法行为已构成犯罪的，移送司法机关。

对情节复杂或者重大违法行为给予较重的行政处罚的，行政机关的负责人应当集体讨论决定。

6. 送达行政处罚决定书

行政处罚决定书应当在向当事人宣告后当场交付当事人，如果当事人不在场，则行政机关应当在 7 日内将行政处罚决定书送达当事人。

【案例】 某县公安消防大队进行消防监督检查时，发现叶某经营的网吧电线布置极为混乱，通道不畅，有重大火灾隐患，便向其下达了限期整改通知书，要求该网吧在当月底消除隐患。月底复查时，叶某的网吧未作整改，在未听取叶某的陈述和申辩、未交代其依法享有权利的情况下，公安消防大队即下达了行政处罚决定书，对叶某罚款 1000 元。叶某向法院提起诉讼。法院经审理，以程序违法为由判决撤销了处罚决定，责令公安消防大队重新作出具体行政行为。

此案中，公安消防大队对叶某作出 1000 元罚款的处罚决定，应适用一般程序。一般程序分为六个步骤，而公安消防大队在此案的处理中省略了告知权利、听取陈述和申辩两个

步骤。

（三）听证程序

听证程序，是指行政机关为了依法、公正地作出行政处罚决定，公开举行由全部利害关系人参加的听证会所适用的程序。听证程序不是一个独立的处罚决定程序，也不是每一个行政处罚案件作出处罚决定的必经程序，而是一般程序中为查清事实和核实证据而设置的一个环节。

1. 听证程序的适用范围

根据《行政处罚法》的规定，听证只适用于作出责令停产停业、吊销许可证或执照、较大数额罚款等行政处罚决定的案件，其他种类的行政处罚案件暂不适用听证。这里的较大数额罚款，是指对个人处以2000元以上罚款，对单位处以10000元以上罚款。

2. 听证程序的步骤

听证程序的步骤包括：①行政机关对属于适用听证范围的行政处罚案件，在作出行政处罚决定前告知当事人有要求举行听证的权利；②当事人要求听证的，在行政机关告知后3日内向行政机关提出听证的要求；③行政机关收到当事人的听证要求以后，准备组织听证，确定听证主持人、听证的方式、听证的时间和地点，并将时间、地点在举行听证的7日前通知当事人；④举行听证并形成听证报告。

七、行政处罚的执行

行政处罚的执行，是指将行政处罚决定的内容付诸实现的行为。

（一）行政处罚的执行方式

行政处罚的执行方式，即为实现行政处罚决定的内容所采取的方式，通常包括以下三种方式：

1. 受处罚人自觉履行

行政处罚决定一经依法作出，即发生法律效力，当事人应在法定的期限内自觉履行行政处罚决定的内容。

2. 行政机关强制执行

当事人逾期不履行行政处罚决定的，依法具有行政强制执行权的行政处罚机关可以采取以下措施强制当事人履行：①当事人到期不缴纳罚款的，每日按应缴纳罚款数额的3%加处罚款；②依法将查封、扣押的财物拍卖或者将冻结的存款划拨抵缴罚款。

3. 申请人民法院强制执行

如果当事人在法定期间内不自觉履行行政处罚决定又不申请复议或提起诉讼，则没有强制执行权的行政处罚机关可以申请人民法院强制执行。例如，公安机关消防机构对于消防违法行为作出罚款的行政处罚决定，如果当事人在15日内未到指定银行缴纳罚款，公安机关消防机构就可以申请人民法院强制执行。

（二）行政处罚的执行原则

行政处罚的执行原则，是指实现行政处罚决定内容所必须遵守的基本准则。

1. 自动履行原则

自动履行原则，是指行政处罚生效后，当事人应当在规定的期限内，自觉、主动地履行行政处罚决定。

2. 不中止执行原则

不中止执行原则，是指当事人对行政处罚不服，申请复议或提起诉讼的，行政处罚不停止执行，法律另有规定的除外。

3. 罚缴分离原则

罚缴分离原则，是指作出罚款决定的行政机关应当与收缴罚款的机关分离。行政机关作出行政处罚决定后，当事人应当自收到行政处罚决定书之日起 15 日内，到指定银行缴纳罚款。

第二节　行政强制法

《行政强制法》于 2011 年 6 月 30 日由中华人民共和国第十一届全国人民代表大会常务委员会第二十一次会议通过，自 2012 年 1 月 1 日起施行。该法共 7 章 71 条，主要对行政强制的种类和设定、行政强制措施实施程序、行政机关强制执行程序、申请人民法院强制执行、法律责任等作了规定，旨在规范行政强制的设定和实施，保障和监督行政机关依法履行职责，维护公共利益和社会秩序，保护公民、法人和其他组织的合法权益。《行政强制法》不但强化了对行政权力的约束和规范，为行政机关少用、慎用、善用行政强制设置了底线，也更关注对公民合法权利的保护。

《行政强制法》是一般行政法，是所有行政执法领域在实施行政强制时所必须遵守的一般规定。《行政强制法》与《消防法》是一般法与特别法的关系。

一、行政强制的概念

行政强制，是指行政主体为实现行政目的，对相对人的人身、财产和行为等予以约束与处置的强制性行为。

行政强制，包括行政强制措施和行政强制执行。行政强制措施，是指行政机关在行政管理过程中，为制止违法行为、防止证据损毁、避免危害发生、控制危险扩大等情形，依法对公民的人身自由实施暂时性限制，或者对公民、法人或者其他组织的财物实施暂时性控制的行为。行政强制执行，是指行政机关或者行政机关申请人民法院，对不履行行政决定的公民、法人或者其他组织，依法强制其履行义务的行为。

二、《行政强制法》的适用范围

《行政强制法》适用于行政强制的设定和实施。发生或者即将发生自然灾害、事故灾难、公共卫生事件或者社会安全事件等突发事件，行政机关采取应急措施或者临时措施，依照有关法律、行政法规的规定执行。行政机关采取金融业审慎监管措施、进出境货物强制性技术监控措施，依照有关法律、行政法规的规定执行。

三、行政强制的原则

（一）法定原则

法定原则要求应当依照法定的权限、范围、条件、程序设定和实施行政强制。

（二）适当原则

行政强制的设定和实施，应当符合行政管理目标。采用非强制手段可以达到行政管理目的的，不得设定和实施行政强制。

（三）教育与强制相结合原则

行政强制只是促使当事人履行法定义务的一种手段，不是目的。行政强制实施过程中，教育先行，应当充分发挥教育的功能，促进相对人主动履行法律义务。当事人经教育自觉改正违法行为，履行法定义务的，不应再采取行政强制。

（四）禁止谋利原则

行政机关及其工作人员不得利用行政强制权为单位或者个人谋取利益。

（五）救济原则

公民、法人或者其他组织对行政机关实施行政强制，享有陈述权、申辩权。认为行政机关的具体行政行为侵害其合法权益的，有权依法申请行政复议或者提起行政诉讼。因行政机关违法实施行政强制受到损害的，有权依法要求赔偿。

四、行政强制的种类

（一）行政强制措施的种类

根据《行政强制法》的规定，行政强制措施包括：①限制公民人身自由；②查封场所、设施或者财物；③扣押财物；④冻结存款、汇款；⑤其他行政强制措施。

（二）行政强制执行的种类

根据《行政强制法》的规定，行政强制执行的方式包括：①加处罚款或者滞纳金；②划拨存款、汇款；③拍卖或者依法处理查封、扣押的场所、设施或财物；④排除妨碍、恢复原状；⑤代履行；⑥其他强制执行方式。

五、行政机关实施行政强制措施的相关规定

（一）实施强制措施的一般规定

行政机关实施行政强制措施应当遵守下列规定：①实施前须向行政机关负责人报告并经批准；②由两名以上行政执法人员实施；③出示执法身份证件；④通知当事人到场；⑤当场告知当事人采取行政强制措施的理由、依据以及当事人依法享有的权利、救济途径；⑥听取当事人的陈述和申辩；⑦制作现场笔录，现场笔录应由当事人和行政执法人员签名或者盖章，当事人拒绝的，在笔录中予以注明，当事人不到场的，邀请见证人到场，由见证人和行政执法人员在现场笔录上签名或者盖章；⑧法律、法规规定的其他程序。

（二）限制公民人身自由的特别规定

依照法律规定实施限制公民人身自由的行政强制措施，除应当遵守强制措施的一般规定外，还应当遵守下列规定：①当场告知或者实施行政强制措施后立即通知当事人家属实施行政强制措施的行政机关、地点和期限。②在紧急情况下当场实施行政强制措施的，行政执法人员应当在24小时内向行政机关负责人报告，并补办批准手续；行政机关负责人认为不应当采取行政强制措施的，应当立即解除。③法律规定的其他程序，如《治安管理处罚法》规定的传唤程序、《人民警察法》规定的继续盘问程序。

实施限制人身自由的行政强制措施不得超过法定期限。实施行政强制措施的目的已经达

到或者条件已经消失的，应当立即解除。

【链接阅读】

《治安管理处罚法》第 82 条关于传唤程序的规定为："需要传唤违反治安管理行为人接受调查的，经公安机关办案部门负责人批准，使用传唤证传唤。对现场发现的违反治安管理行为人，人民警察经出示工作证件，可以口头传唤，但应当在询问笔录中注明。公安机关应当将传唤的原因和依据告知被传唤人。对无正当理由不接受传唤或者逃避传唤的人，可以强制传唤。"

（三）涉嫌犯罪的移送规定

违法行为涉嫌犯罪应当移送司法机关的，行政机关应当将查封、扣押、冻结的财物一并移送，并书面告知当事人。

（四）查封、扣押的规定

查封、扣押直接涉及相对人的财产权，为避免行政机关滥用行政强制手段，行政机关实施查封、扣押应符合下列要求：①查封、扣押仅限于涉案场所、设施或财物；②不得重复查封；③制作并当场交付查封、扣押决定书和清单；④查封扣押期一般不超过 30 日；⑤不应或不需查封扣押的应立即解除；⑥因查封、扣押所造成的损失应赔偿；⑦在法定期限内作出处理决定等。

（五）冻结的要求

行政机关实施冻结应符合下列要求：①冻结的数额应当与违法行为涉及的金额相当；②不得重复冻结；③冻结应遵循法定程序；④冻结存款、汇款一般限 30 日，30 日后不批准延长的应作出解除冻结决定。

六、行政机关实施行政强制执行的相关规定

（一）行政强制执行的一般规定

1. 事先书面催告

行政机关依法作出行政决定后，当事人在行政机关决定的期限内不履行义务的，具有行政强制执行权的行政机关可以强制执行。行政机关作出强制执行决定前，应当事先书面催告当事人履行义务。

2. 听取当事人的陈述申辩

当事人收到催告书后有权进行陈述和申辩，行政机关应当充分听取当事人的意见，对当事人提出的事实、理由和证据，进行记录、复核。当事人提出的事实、理由或者证据成立的，行政机关应当采纳。

3. 作出强制执行决定

经催告，当事人逾期仍不履行行政决定，且无正当理由的，行政机关可以作出强制执行决定。在催告期间，对有证据证明有转移或者隐匿财物迹象的，行政机关可以作出立即强制执行的决定。

4. 中止执行与终结执行

中止执行，是指在执行过程中，因某种特殊情况的发生而使执行程序暂时停止，待特殊情况消失后，再继续执行的程序。中止执行的情形包括：①当事人履行行政决定确有困难或者暂无履行能力的；②第三人对执行标的主张权利，确有理由的；③执行可能造成难以弥补

的损失，且中止执行不损害公共利益的；④行政机关认为需要中止执行的其他情形。

终结执行，是指在执行过程中，出现了使执行程序无法或者无须继续进行的事由，从而结束执行程序，以后也不再恢复执行的法律制度。终结执行的情形包括：①公民死亡，无遗产可供执行，又无义务承受人的；②法人或者其他组织终止，无财产可供执行，又无义务承受人的；③执行标的灭失的；④据以执行的行政决定被撤销的；⑤行政机关认为需要终结执行的其他情形。

5. 可与当事人达成执行协议

实施行政强制执行，行政机关可以在不损害公共利益和他人合法权益的情况下，与当事人达成执行协议，当事人按执行协议履行。当事人不履行执行协议的，行政机关应当恢复强制执行。

6. 强制执行的禁止性规定

行政机关不得在夜间或者法定节假日实施行政强制执行。但是，情况紧急的除外。行政机关不得对居民生活采取停止供水、供电、供热、供燃气等方式迫使当事人履行相关行政决定。

7. 违法建筑的拆除规定

对违法的建筑物、构筑物、设施等需要强制拆除的，由行政机关予以公告，限期当事人自行拆除。对于当事人在法定期限内不申请行政复议或者提起行政诉讼，又不拆除的，行政机关可以依法强制拆除。

（二）金钱给付义务的强制执行

行政机关依法作出金钱给付义务的行政决定，当事人逾期不履行的，行政机关可以依法加处罚款或者滞纳金，加处罚款或者滞纳金的数额不得超出金钱给付义务的数额。

行政机关实施加处罚款或者滞纳金超过 30 日，经催告当事人仍不履行的，具有行政强制执行权的行政机关可以强制执行；没有行政强制执行权的行政机关申请人民法院强制执行。当事人在法定期限内不申请行政复议或者提起行政诉讼，经催告仍不履行的，行政机关在实施行政管理过程中已经采取查封、扣押措施的，可以将已查封、扣押的财物依法拍卖抵缴罚款。

【案例】 某县公安消防大队执法人员在消防监督检查中发现某餐馆未经消防安全检查擅自投入使用、营业，遂依法下发了公安行政处罚决定书，责令该餐馆停产停业，并处罚款 3 万元。在复查过程中，消防监督检查人员发现该餐馆仍在继续营业且逾期未缴纳罚款。于是，消防监督检查人员依法下发了催告书，该餐馆负责人提出因经营困难，申请分期缴纳罚款，公安消防大队经了解餐馆的实际经营情况后同意并与其签订了执行协议，同意餐馆分三期缴纳罚款。但经催告后该餐馆一直未停产停业，公安消防大队遂依法作出强制执行决定，对该餐馆予以查封。

（三）代履行

行政机关依法作出要求当事人履行排除妨碍、恢复原状等义务的行政决定，当事人逾期不履行，经催告仍不履行，其后果已经或者将危害交通安全、造成环境污染或者破坏自然资源的，行政机关可以代履行，或者委托没有利害关系的第三人代履行。例如，《消防法》第 60 条规定的，对于埋压、圈占、遮挡消火栓或者占用防火间距的，消防执法主体应当责令其改正，经责令改正拒不改正的强制执行，所需费用由违法行为人承担，即为典型的代履行。对于需要立即清除道路、河道、航道或者公共场所的遗洒物、障碍物或者污染物，当事人不能清除的，行政机关可以决定立即实施代履行。

代履行不得采用暴力、胁迫以及其他非法方式。除法律有特殊规定外，代履行的费用由当事人承担。

第三节　行政许可法

《行政许可法》于2003年8月27日由第十届全国人民代表大会常务委员会第四次会议通过，自2004年7月1日起施行。该法共8章83条，主要对行政许可的设定、行政许可的实施机关、行政许可的实施程序、法律责任等作了规定，旨在规范行政许可的设定和实施，保护公民、法人和其他组织的合法权益，维护公共利益和社会秩序，保障和监督行政机关有效实施行政管理。

《行政许可法》是一般行政法，是所有行政机关在实施行政许可时所必须遵守的一般规定。《行政许可法》与《消防法》是一般法与特别法的关系。

一、行政许可的概念

行政许可，是指在法律一般禁止的情况下，行政主体根据行政相对人的申请，经依法审查，通过颁发许可证、执照等形式，赋予或确认行政相对人从事某种活动的法律资格或法律权利的具体行政行为。例如，公众聚集场所通过向所在地的公安机关消防机构申请消防安全检查，经消防安全检查合格后，才可以投入使用、营业。

二、行政许可的基本原则

（一）合法性原则

合法性原则也称行政许可法定原则。行政许可法定，要求设定和实施行政许可必须遵守法定的权限、范围、条件和程序。

（二）公开、公平、公正原则

公开、公平、公正原则，要求行政许可机关实施行政许可行为的过程和结果必须公开。行政许可机关在履行职责、行使权力时，不仅在实体和程序上要合法，而且还要合乎常理，平等地对待所有行政许可申请人。

（三）便民原则

便民原则，要求行政许可机关由一个机构统一受理行政许可申请，统一送达行政许可决定，并尽量为公民、法人或者其他组织申请行政许可提供方便。

（四）救济原则

救济原则，是指公民、法人或者其他组织对行政许可机关实施行政许可，享有陈述权、申辩权、申请行政复议权、提起行政诉讼权以及赔偿请求权。

（五）信赖保护原则

信赖保护，是指行政相对人对行政权力的正当合理信赖应予以保护。即行政机关不得擅自改变已经生效的行政许可。行政许可决定所依据的法律、法规、规章修改或者废止，或者准予行政许可所依据的客观情况发生重大变化，行政机关为了公共利益的需要，可以依法变更或者撤回已经生效的行政许可，但应当对由此给公民、法人或者其他组织造成的财产损失依法给予补偿。

【案例】 某地石油库经过相关部门的合法审批初建于20世纪70年代，当时位于郊区，经过城市多年的发展，该油库已处于市区。2004年，由市有关部门组成的联合检查组对该油库及周围环境进行了安全状况调查。调查组认为，该油库已被居民楼、办公楼包围，防火间距不足，严重威胁着城市的安全。考虑到城市的整体安全，建议油库搬迁，并确定由公安机关消防机构负责落实。随后，公安机关消防机构依据《消防法》的规定，下发了重大火灾隐患整改通知书，责令限期搬迁。由于整体搬迁油库需要资金，政府又不予补贴，石油公司不积极，到期后没有搬迁，公安机关消防机构便依法予以查封，并实施罚款处罚。石油公司不服，以处罚违反信赖保护原则为由向法院提起行政诉讼，请求撤销公安机关消防机构的行政处罚决定。

（六）行政许可一般不得转让原则

除法律、法规规定可以转让的行政许可外，行政许可不得转让。

（七）监督原则

监督原则包括两个方面的要求：①县级以上人民政府应当建立健全对行政机关实施行政许可的监督制度，加强对行政机关实施行政许可的监督检查；②行政机关应当对公民、法人或者其他组织从事行政许可事项的活动实施有效监督。

三、行政许可的种类

从行政许可的性质、功能和适用条件的角度来说，行政许可大体可分为以下五类：

（一）普通许可

普通许可，是准许符合法定条件的相对人行使某种权利的行为。普通许可对相对人行使法定权利附有一定的条件，一般没有数量控制。凡是直接关系国家安全、公共安全的活动，基于高度社会信用的行业的市场准入和法定经营活动，直接关系到人身健康、生命财产安全的产品、物品的生产及销售活动，都适用普通许可，如游行示威的许可、烟花爆竹的生产与销售的许可等。

【链接阅读】

消防立法中所设定的消防行政许可属于普通许可，常见的消防行政许可包括：建设工程消防设计审核、建设工程消防验收、公众聚集场所投入使用、营业前消防安全检查。

（二）特许

特许，是行政机关代表国家向被许可人授予某种权力或者对有限资源进行有效配置的管理方式。特许一般有数量限制，往往通过公开招标、拍卖等公开、公平的方式决定是否授予特许，主要适用于有限自然资源的开发利用、有限公共资源的配置、直接关系公共利益的垄断性企业的市场准入，如出租车经营许可、排污许可等。相对人取得特许后，一般应依法支付一定的费用，所取得的特许可以转让、继承。

（三）认可

认可，是对相对人是否具有某种资格、资质的认定，通常采取向取得资格的人员颁发资格、资质证书的方式，如会计师、医师的资质。

认可不能继承、转让，没有数量限制，主要适用于为公众提供服务、与公共利益直接有关，并且具有特殊信誉、特殊条件或特殊技能的自然人、法人或者其他组织的资格、资质的认定。认可一般要通过考试方式并根据考核结果决定是否认可。

（四）核准

核准，是行政机关按照技术标准、经济技术规范，对申请人是否具备特定标准、规范的判断和确定。核准没有数量限制，主要适用于直接关系公共安全、人身健康、生命财产安全的重要设备、设施的设计、建造、安装和使用，以及直接关系人身健康、生命财产安全的特定产品、物品的检验、检疫，如电梯安装的核准、食用油的检验。行政机关依据专业性、技术性的标准或规范进行实地验收、检测并作出是否核准的决定。

（五）登记

登记，是行政机关对个人、企业是否具有特定民事权利能力和行为能力的主体资格和特定身份的确定，如法人或者其他组织的设立、变更、终止，工商企业注册登记，房地产所有权登记等。登记没有数量限制。行政机关对申请登记材料一般只进行形式审查，即可当场作出是否准予登记的决定。未经合法登记的法律关系和权利事项，是非法的，不受法律保护。

四、行政许可的实施

（一）行政许可的实施主体

根据《行政许可法》的规定，行政许可的实施主体包括法定的行政机关、法律法规授权的组织和行政机关委托的组织。

1. 法定的行政机关

行政许可一般由具有行政许可权的行政机关在其法定职权范围内实施，如大型群众性活动行政许可的法定机关为公安机关。

2. 法律法规授权的组织

法律、法规授权的具有管理公共事务职能的组织，在法定授权范围内，可以以自己的名义实施行政许可。例如，根据《消防法》的规定，公安机关消防机构作为法律法规授权的组织，是建设工程消防行政许可的实施主体。

3. 行政机关委托的组织

行政机关在法定职权范围内，依照法律、法规、规章的规定，可以委托其他行政机关实施行政许可。受委托行政机关在委托范围内，以委托行政机关的名义实施行政许可。

（二）行政许可的实施程序

实施行政许可应遵循申请、受理、审查、决定、所证、变更与延续等步骤。

1. 申请

公民、法人或者其他组织从事特定活动，依法需要取得行政许可的，应当向行政机关提出申请。例如，根据《消防法》的规定，大型人员密集场所和特殊的建设工程在投入使用前需要向公安机关消防机构提出消防验收的申请。

2. 受理

行政机关对申请人提出的行政许可申请，应当根据不同情况分别作出受理或不受理的处理，并出具加盖本行政机关专用印章和注明日期的书面凭证。

3. 审查

行政机关受理申请人的申请后，应当及时对申请人提交的申请材料进行审查。在审查时，发现行政许可事项直接关系他人重大利益的，应当告知该利害关系人。申请人、利害关系人有权就申请的行政许可进行陈述和申辩。

4. 决定

行政机关对申请人的行政许可申请进行审查后，对于申请材料齐全、符合法定形式，能够当场作出行政许可决定的，当场作出书面的行政许可决定；不能当场作出行政许可决定的，依法在规定期限内作出行政许可决定；不予行政许可的，说明理由，并告知申请人依法享有申请行政复议或者提起行政诉讼的权利。

【链接阅读】

针对不同的消防行政许可事项，消防立法分别规定了具体的法定许可期限。例如，《建设工程消防监督管理规定》分别在第17条、第22条对建设工程的消防设计审核、工程竣工后消防验收的时限作出了具体规定。第17条规定："公安机关消防机构应当自受理消防设计审核申请之日起20日内出具书面审核意见。但是依照本规定需要组织专家评审的，专家评审时间不计算在审核时间内。"第22条规定："公安机关消防机构应当自受理消防验收申请之日起20日内组织消防验收，并出具消防验收意见。"《消防监督检查规定》第15条则对消防安全检查的行政许可时间作出了具体规定。第15条规定："对公众聚集场所投入使用、营业前的消防安全检查，公安机关消防机构应当自受理申请之日起10个工作日内进行检查，自检查之日起3个工作日内作出同意或者不同意投入使用或者营业的决定，并送达申请人。"

5. 听证

实施行政许可依法应当听证的事项，或者行政机关认为需要听证的其他涉及公共利益的重大行政许可事项，行政机关应当向社会公告，并举行听证。

6. 变更与延续

被许可人可要求变更行政许可事项，变更行政许可事项须向作出行政许可决定的行政机关提出申请，由行政机关依法为其办理变更手续。被许可人需要延续依法取得的行政许可有效期的，须在该行政许可有效期届满30日前向作出行政许可决定的行政机关提出申请（法律、法规、规章另有规定的，依照其规定），行政机关在该行政许可有效期届满前作出是否准予延续的决定，逾期未作决定的，视为准予延续。

五、行政许可的撤销

根据《行政许可法》的规定，作出行政许可的机关应当对被许可人从事行政许可事项活动情况进行监督检查，上级行政机关应对下级行政机关实施行政许可的情况进行监督检查，其目的是及时纠正行政许可实施中的违法行为。对于在检查中发现有下列情形的，作出行政许可决定的行政机关或者其上级行政机关，可以撤销行政许可：

1）行政机关工作人员滥用职权、玩忽职守作出准予行政许可决定的。

2）超越法定职权作出准予行政许可决定的。

3）违反法定程序作出准予行政许可决定的。

4）对不具备申请资格或者不符合法定条件的申请人准予行政许可的。

5）依法可以撤销行政许可的其他情形。

被许可人以欺骗、贿赂等不正当手段取得行政许可的，应当予以撤销。但是，撤销行政许可可能对公共利益造成重大损害的，不予撤销。撤销行政许可，被许可人的合法权益受到损害的，行政机关应当依法给予赔偿，但被许可人以欺骗、贿赂等不正当手段取得行政许可所得的利益不受保护。

第四节　行政复议法

《行政复议法》于 1999 年 4 月 29 日由第九届全国人民代表大会常务委员会第九次会议通过，自 1999 年 10 月 1 日起施行。该法共 7 章 43 条，主要对行政复议的原则、行政复议范围、行政复议的申请与受理、行政复议决定等作了规定，旨在防止和纠正违法或者不当的具体行政行为，保护公民、法人和其他组织的合法权益，保障和监督行政机关依法行使职权。《行政复议法》把行政复议制度作为行政机关内部自我纠正错误的一种监督制度加以法律化和规范化，一方面有利于防止和纠正违法或者不当的行政行为；另一方面也为公民、法人或者其他组织提供了一条保护自身合法权益的法律救济途径。

《行政复议法》是一般行政法，是相对人提起行政复议、行政机关应对行政复议和行政复议机关对具体行政行为进行审查所必须遵守的一般规定。消防行政复议应遵守《行政复议法》的规定。

一、行政复议的概念

行政复议，是指公民、法人或者其他组织认为行政机关的具体行政行为侵犯其合法权益，依法向行政复议机关提出审查该具体行政行为的申请，行政复议机关依照法定程序对被申请的具体行政行为进行合法性、适当性审查，并作出行政复议决定的一种法律制度。

二、行政复议的基本原则

（一）合法原则

合法原则，是指行政复议过程中，无论是作出被申请的具体行政行为的行政主体，还是作为申请人的行政相对人，或是主持裁决的行政复议机关，都应当遵守现行的有关行政复议的法律、法规和规章的规定。合法原则要求：①主体合法，即提起行政复议申请的必须是被申请的具体行政行为所指向的行政相对人，被申请人必须是作出被申请的具体行政行为的行政主体，复议机关必须是法律、法规规定的行政复议机关；②依据合法，即行政复议必须遵循现行的法律、法规和规章以及上级行政机关依法制定的其他规范性文件的规定；③程序合法，即行政复议主体必须严格遵守法定程序。

（二）公正原则

公正原则，是指行政复议机关对被申请的具体行政行为不仅应当审查其合法性，而且还应当审查其合理性。公正原则要求行政复议机关：①正当、合理地行使复议自由裁量权；②查明所有与案件有关的事实，并从合法性和合理性两个层面审查被申请的具体行政行为；③对不合法的具体行政行为予以撤销或者确认违法，对明显不公正的具体行政行为依法责令被申请人予以变更，必要时还可以责令被申请人重新作出具体行政行为。

（三）公开原则

公开原则，是指行政复议机关在行政复议过程中，除涉及国家秘密、个人隐私和商业秘密外，整个过程应当向行政复议申请人和社会公开。公开原则要求：①行政复议过程公开；②行政资讯公开，即行政复议申请人、第三人可以请求行政复议机关公开与行政复议案件有关的一切材料；③行政处理结果公开。

（四）及时原则

及时原则，是指行政复议机关应当在法律规定的期限内，尽快完成复议案件的审查并作出相应的决定，不得拖延。及时原则要求行政复议机关接到行政复议申请后，对于符合法定条件的要及时处理；对于不符合法定条件的，要及时作出不予受理决定；对符合条件但需要补充材料的，要及时告知其应补充的材料。行政复议一旦受理，复议机关应及时审理，不得拖延。复议案件经审理后，复议机关应在复议期限内及时作出复议决定。根据《行政复议法》的规定，作出行政复议决定的期限为自受理申请之日起60日内，但是法律规定的行政复议期限少于60日的除外。对于情况复杂，不能在规定期限内作出行政复议决定的，经行政复议机关的负责人批准，可以适当延长，并告知申请人和被申请人，但是延长期限最多不超过30日。

（五）便民原则

便民原则，是指行政复议机关在行政复议程序中应当尽可能为行政复议当事人，尤其是为申请人提供必要的便利，从而确保当事人参加行政复议的目的得以实现。

三、申请行政复议的事项范围

（一）可以申请复议的事项范围

根据《行政复议法》的规定，公民、法人或者其他组织认为行政机关的行为侵害其合法权益的，可以申请行政复议。

1）行政处罚争议，即对行政机关作出的警告、罚款、没收违法所得、没收非法财物、责令停产停业、暂扣或者吊销许可证、暂扣或者吊销执照、行政拘留等行政处罚决定不服的。

2）行政强制争议，即对行政机关作出的限制人身自由或查封、扣押、冻结财产等行政强制措施决定不服的。

3）行政许可争议，即对行政机关作出的有关许可证、执照、资质证、资格证等证书变更、中止、撤销的决定不服的，对行政机关作出的关于确认土地、矿藏、水流、森林、山岭、草原、荒地、滩涂、海域等自然资源的所有权或者使用权的决定不服的。

4）认为行政机关侵犯其合法的经营自主权的。

5）认为行政机关变更或者废止农业承包合同，侵犯其合法权益的。

6）认为行政机关违法集资、征收财物、摊派费用或者违法要求履行其他义务的。

7）认为符合法定条件，申请行政机关颁发许可证、执照、资质证、资格证等证书，或者申请行政机关审批、登记有关事项，行政机关没有依法办理的。

8）申请行政机关履行保护人身权利、财产权利、受教育权利的法定职责，行政机关没有依法履行的。

9）申请行政机关依法发放抚恤金、社会保险金或者最低生活保障费，行政机关没有依法发放的。

10）认为行政机关的其他具体行政行为侵犯其合法权益的。

（二）可以附带申请审查的事项

行政相对人认为行政机关的具体行政行为所依据的下列规定不合法，在对具体行政行为申请行政复议时，可以一并向行政复议机关提出对该规定的审查申请：

1）国务院部门的规定。

2）县级以上地方各级人民政府及其工作部门的规定。

3）乡、镇人民政府的规定。

（三）不能申请行政复议的事项

公民、法人或者其他组织对下列事项不服，不能申请行政复议：

1）行政立法行为。

2）行政机关作出的行政处分或者其他人事处理决定。

3）行政机关对民事纠纷作出的调解或者其他处理。

四、行政复议参加人

（一）行政复议申请人

行政复议申请人，是指认为行政机关的具体行为侵犯其合法权益，以自己的名义提起行政复议，并受行政复议决定约束的公民、法人或者其他组织。一般情况下，具体行政行为的相对人本人就是行政复议申请人，但是在下列特定情况下，行政复议申请人的资格会发生转移：①有权申请行政复议的公民死亡的，其近亲属可以申请行政复议；②有权申请行政复议的法人或者其他组织终止的，承受其权利的法人或者其他组织可以申请行政复议。

（二）行政复议被申请人

行政复议被申请人，是指其具体行政行为被行政复议申请人指控侵犯其合法权益，并由行政复议机关通知参加行政复议活动的行政机关。行政复议被申请人主要有以下几种情况：

1）对行政机关的具体行政行为不服而申请行政复议的，作出具体行政行为的行政机关是行政复议被申请人。

2）对县级以上地方人民政府依法设立的派出机关的具体行政行为不服而申请行政复议的，该派出机关是行政复议被申请人。

3）对政府工作部门依法设立的派出机构依据法律、法规或者规章的规定以自己名义作出的具体行政行为不服而申请行政复议的，该派出机构是行政复议被申请人。

4）对两个或者两个以上行政机关以共同名义作出的具体行政行为不服而申请行政复议的，共同作出具体行政行为的行政机关是共同被申请人。

5）对法律、法规授权的组织作出的具体行政行为不服而申请行政复议的，该组织是行政复议被申请人。

6）被委托机关在委托权限内作出具体行政行为的，委托机关为被申请人。

7）作出具体行政行为的行政机关被撤销的，继续行使其职权的行政机关或者作出撤销决定的机关是行政复议被申请人。

（三）第三人

第三人，是指与被申请复议的具体行政行为有利害关系，为了维护自己的合法权益，经申请或者由行政复议机关通知参加到行政复议程序中的公民、法人或者其他组织。在行政复议实践中，可能出现第三人的情况有以下几种：

1）行政处罚案件中，违法行为实施人和受害人任何一方不服行政处罚决定申请行政复议的，另外一方可以作为第三人参加行政复议；如果存在多个被处罚人，部分被处罚人不服处罚决定申请行政复议的，其他被处罚人可以作为第三人参加行政复议。

2）在行政裁决、行政确权案件中，被裁决、被确权的民事纠纷的一方当事人不服裁决、确权决定，提起行政复议申请的，另一方当事人可以作为第三人参加行政复议。

3）行政机关越权处罚的，被越权的行政机关可以作为第三人参加行政复议。

4）两个或两个以上的行政机关基于同一事实，针对相同的行政相对人作出互相矛盾的具体行政行为，行政相对人不服其中一方具体行政行为申请行政复议的，另一方行政机关可以作为第三人参加行政复议。

5）其他与被申请的具体行政行为有利害关系的公民、法人或者其他组织。

（四）代理人

代理人，是指受申请人、第三人的委托，在代理权限内以申请人、第三人名义进行行政复议活动的人。申请人、第三人对委托代理人的代理行为承担法律责任。

五、行政复议机关与行政复议的管辖

行政复议机关，是指依照法律规定，有权受理行政复议申请、依法对被申请的行政行为进行审查并作出裁决的行政机关。

行政复议的管辖，是指行政复议机关受理行政复议申请的权限和分工，即某一行政争议发生后，应由哪一行政机关来行使行政复议权。

例如，根据《行政复议法》和《公安机关办理行政复议案件程序规定》的规定，消防行政复议的机关主要是县级以上地方各级人民政府和公安机关。其管辖原则为：①对由县级以上地方各级人民政府公安机关作出的具体消防行政行为不服的，行政复议机关既可以是上一级公安机关，也可以是同级人民政府；②对由各级公安机关消防机构作出的具体消防行政行为不服的，向其主管公安机关申请行政复议；③对由公安派出所作出的具体消防行政行为不服的，向设立该派出所的公安机关申请行政复议。

六、行政复议程序

（一）行政复议的申请

行政复议是一种依申请的行政行为，因此没有行政相对人的申请，则不能启动复议机关的审查程序。行政复议的申请，是指行政相对人因不服行政机关的具体行政行为而向复议机关提出审查并撤销或变更该具体行政行为的请求。

1. 申请行政复议的条件

申请行政复议应当符合下列条件：①申请人必须是认为具体行政行为侵犯其合法权益的公民、法人或者其他组织；②必须有明确的被申请人；③有具体的复议请求和事实依据；④属于行政复议范围；⑤必须在法定的期限内提出，即从申请人知道作出该具体行政行为之日起，60 日内可申请行政复议。

【案例】 2009 年 6 月 22 日，G 市公安消防支队消防监督人员在监督检查过程中，发现金歌娱乐城在窗户上设置铁护栏。监督人员在告知设置铁护栏的消防违法性后，责令该娱乐城拆除铁护栏，并作出罚款 1 万元的行政处罚决定。该处罚决定书于 6 月 25 日送达该公司法定代表人李某。李某对行政处罚不服，但由于销售业务繁忙，李某于 2009 年 8 月 30 才向 G 市公安局申请消防行政复议。G 市公安局经审查，认为李某的申请不符合受理的条件，因此，作出对其复议申请不予受理的决定。

申请行政复议需要具备法定条件。本案中，李某超出行政复议的法定期限申请行政复议，公安机关当然不予受理。

2. 申请行政复议的方式

行政复议申请可以采用书面形式提出，也可以口头提出。申请人口头提出行政复议申请的，复议机构工作人员应当场记录，并制作行政复议申请笔录，由申请人核对或者向申请人宣读，并由申请人签字确认。

3. 申请人的举证义务

在下列情况下，申请人应当提供证明材料：①认为被申请人不履行法定职责而提出行政复议申请的，申请人需提供证明自己曾经申请被申请人履行法定职责，而被申请人没有履行或者没有正确履行的证据材料；②申请人在申请复议时一并提出行政赔偿请求的，应当提供证据证明被申请人的具体行政行为损害了其合法的人身、财产权益，同时对造成的损失数额也应提供相应的证据；③法律、法规规定需要申请人提供证据材料的其他情形。

（二）行政复议的受理

行政复议机关在收到行政复议申请后，根据情况分别作出下列决定：①对属于本机关管辖且符合复议范围的，作出受理的决定；②对不属于行政复议范围或超过复议时限的，作出不予受理的决定，在 5 日内书面通知申请人，并说明理由；③对属于行政复议范围，但不属于本机关管辖的，在 5 日内向申请人下发行政复议告知书，告知其向有权复议的机关提出申请；④对行政复议申请材料不齐全或者表述不清楚的，在 5 日内书面通知申请人补正。

（三）行政复议的审查

行政复议采取以书面审查为主，其他方式如调查情况、听取意见等为辅的审查方式。行政复议机关需要对被申请人所作出的具体行政行为进行合法性和适当性的全面审查，审查的内容包括：①证据是否确凿、充分；②适用依据是否正确；③是否符合法定程序；④具体行政行为是否明显不当；⑤是否超越职权、滥用职权等。

在行政复议审查期间，出现法定事由可以中止行政复议或终止行政复议。

【链接阅读】

行政复议中止，是指在复议期间因出现法定事由，复议机关暂时停止对复议案件进行审查，待法定事由消除后再恢复审查的制度。复议中止时间不计入办案期限，中止事由消除后，行政复议期限将继续计算。行政复议终止，是指在复议期间因出现法定事由，导致复议程序不能继续或者继续进行毫无意义，由复议机关结束正在进行的复议程序的制度。

（四）行政复议决定

行政复议决定，是指行政复议机关对行政复议案件进行审理后，所作的具有法律效力的决定。根据情况，行政复议决定通常有以下几种：

1. 维持决定

行政复议机关经过审理，认为被申请的具体行政行为事实清楚，证据确凿，适用依据正确，程序合法，内容适当的，依法作出维持该具体行政行为的决定。

2. 责令履行

行政复议机关经过审理，认为被申请人不履行法定职责或者拖延履行法定职责的，依法作出责令被申请人在一定期限内履行法定职责的决定。

3. 撤销、变更或者确认违法

行政复议机关经过审查，认为具体行政行为具有下列情形之一的，依法可以作出撤销、变更或者确认违法的决定，必要时，可以附带责令被申请人在一定期限内重新作出具体行政行为：①主要事实不清、证据不足的；②适用依据错误的；③违反法定程序的；④超越或者滥用职权的；⑤具体行政行为明显不当的。具备其中任何一种情形即可决定撤销、变更具体行政行为或者确认具体行政行为违法。

4. 驳回行政复议申请

行政复议机关受理行政复议申请后，在审理过程中发现有下列情形的，可以作出驳回行政复议申请的决定：①申请人认为行政机关不履行法定职责的行政复议申请，行政复议机关发现该行政机关没有相应法定职责或者在受理前已经履行法定职责的；②行政复议申请受理后，发现该行政复议申请不符合行政复议相关法律、法规规定的受理条件的。

（五）行政复议决定的执行

申请人和被申请人应当履行复议决定。被申请人不履行的，由复议机关或上级机关责令其履行。申请人如果不服复议决定，可依法自收到复议决定书之日起 15 日内提起行政诉讼；申请人逾期不起诉又不履行行政复议决定的，如果行政复议决定维持具体行政行为的，由作出具体行政行为的行政机关依法强制执行，或者申请人民法院强制执行；如果行政复议决定变更具体行政行为的，由行政复议机关依法强制执行，或者申请人民法院强制执行。

【案例】 某县公安局和文化局根据上级的统一部署，开展了整治网吧和游戏厅联合执法大检查。在检查过程中，要求所有经营者将已经取得的文化经营许可证和消防安全检查合格证交由两局联合设立的执法办公室重新审查。在审核过程中，根据市公安局和市文化局联合下发的通知，对 60 余家经营场所面积没有达到 $100m^2$ 的经营者的许可证，都以县公安局和文化局共同署名的形式决定予以吊销。方某也因经营面积只有 $60m^2$ 而被吊销了文化经营许可证和消防安全检查合格证。

方某对公安局和文化局的决定不服，分别向市公安局和市文化局提起复议申请，市公安局和市文化局都未予受理，并告知方某应向县人民政府申请行政复议。县人民政府法制部门审理中发现原具体行政行为所依据的市公安局和市文化局联合下发的通知没有法律依据，中止了行政复议，将该通知报送市人民政府处理。市人民政府经讨论后撤销了该通知，并作出了撤销原具体行政行为的行政复议决定。

第五节　治安管理处罚法

《治安管理处罚法》于 2005 年 8 月 28 日由第十届全国人民代表大会常务委员会第十七次会议通过，自 2006 年 3 月 1 日起施行。2012 年 10 月 26 日第十一届全国人民代表大会常务委员会第二十九次会议对《治安管理处罚法》进行了修正。该法共6章119条，主要对治安管理处罚的原则、处罚的种类和适用、违反治安管理的行为和处罚、处罚程序等作了规定，旨在维护社会治安秩序，保障公共安全，保护公民、法人和其他组织的合法权益，规范和保障公安机关及其人民警察依法履行治安管理职责。

有些违法行为既是违反治安管理的行为，又是消防违法行为。因此，《消防法》规定，对于这些行为由消防行政执法主体依照《治安管理处罚法》的规定进行处罚。

一、治安管理处罚的概念

治安管理处罚，是指公安机关依法给予实施治安违法行为的公民、法人或者其他组织的行政制裁。

二、治安管理处罚的种类

根据《治安管理处罚法》的规定，治安管理处罚包括如下种类：①警告；②罚款；③行政拘留；④吊销公安机关发放的许可证（照）；⑤限期出境或者驱逐出境。

三、治安管理处罚的适用

（一）治安管理处罚的适用原则

1. 过罚相当原则

过罚相当原则，是指治安管理处罚必须以事实为依据，所处以的处罚要与违反治安管理行为的性质、情节以及社会危害程度相当。

2. 公开、公正原则

公开原则，是指治安管理处罚的依据、事实、理由和程序应向当事人公开。公正原则，是指在实施治安管理处罚时对当事人要平等对待，不得偏袒。

3. 尊重和保障人权原则

尊重和保障人权原则，是指实施治安管理处罚时，应当尊重和保障人权，保护公民的人格尊严。

4. 教育与处罚相结合的原则

作为法律制裁的一种形式，治安管理处罚也具有教育的功能。教育与处罚相结合的原则，是指处罚违法行为人应与教育违法行为人和教育社会公众相结合。

5. 法律责任不相互替代原则

法律责任不相互替代原则，是指违反治安管理的行为对他人造成损害的，行为人或者其监护人应当依法承担民事责任；违法行为构成犯罪的，应当依法追究其刑事责任，不能以罚代赔、以罚代刑。

6. 一事不再罚原则

一事不再罚原则，是指对当事人的同一违法行为，不得给予两次以上罚款的行政处罚。

7. 特殊群体区别对待原则

这里的特殊群体，是指未成年人、精神病人、盲人和聋哑人。根据《治安管理处罚法》的规定：已满14周岁不满18周岁的人违反治安管理的，从轻或者减轻处罚；不满14周岁的人违反治安管理的，不予处罚，但是应当责令其监护人严加管教。精神病人在不能辨认或不能控制自己行为的时候违反治安管理的，不予处罚，但是应当责令其监护人严加看管和治疗。盲人或者又聋又哑的人违反治安管理的，可以从轻、减轻或者不予处罚。

（二）治安管理处罚的适用情形

1. 减轻处罚或者不予处罚情形

违反治安管理有下列情形之一的，减轻处罚或者不予处罚：①情节特别轻微的；②主动消除或者减轻违法后果，并取得被侵害人谅解的；③出于他人胁迫或者诱骗的；④主动投案，向公安机关如实陈述自己的违法行为的；⑤有立功表现的。

2. 从重处罚情形

违反治安管理有下列情形之一的，从重处罚：①有较严重后果的；②教唆、胁迫、诱骗他人违反治安管理的；③对报案人、控告人、举报人、证人打击报复的；④6 个月内曾受过治安管理处罚的。

3. 不执行行政拘留处罚的情形

本着以人为本的精神，对于下列人员不执行行政拘留：①已满 14 周岁不满 16 周岁的；②已满 16 周岁不满 18 周岁，初次违反治安管理的；③70 周岁以上的；④怀孕或者哺乳自己不满 1 周岁婴儿的妇女。

4. 分别处罚

分别处罚，是指公安机关对同一违法者实施的数种治安违法行为，依法分别确定与其治安违法行为相应的行政处罚；或者对共同违反治安管理的，由公安机关根据违反治安管理行为人在违反治安管理行为中所起的作用，分别处罚。分别处罚有利于分清违法行为的事实、明确责任，方便当事人依法寻求救济。

5. 合并执行

合并执行，是指对同一行为人实施的两种以上违反治安管理的行为，分别作出处罚决定，合并执行。合并执行，体现了违法行为和处罚相当的原则，也有利于提高执行效率。

（三）治安管理处罚的时效

治安管理处罚的时效，是指对治安违法行为人进行处罚，追究其法律责任的有效期限。治安管理处罚的时效为 6 个月。违反治安管理行为在 6 个月内没有被公安机关发现的，不再处罚。上述期限从违反治安管理行为发生之日起计算；违反治安管理行为有连续或者继续状态的，从行为终了之日起计算。

四、违反治安管理的行为

违反治安管理的行为包括如下四大类：

（一）扰乱公共秩序的行为

扰乱公共秩序的行为，是指使用各种手段扰乱公共秩序，破坏正常的生活准则，具有一定社会危害尚不构成犯罪的行为。例如，《消防法》第 62 条第 3 项规定的谎报火警的行为，即为扰乱公共秩序的行为。

（二）妨害公共安全的行为

妨害公共安全的行为，是指故意或过失地实施了妨害不特定多数人的人身安全和重大公私财产的安全，尚不构成犯罪的行为。例如，《消防法》第 62 条第 1 项规定的违反有关消防技术标准和管理规定生产、储存、运输、销售、使用、销毁易燃易爆危险品的行为，第 2

项规定的非法携带易燃易爆危险品进入公共场所或者乘坐公共交通工具的行为。

（三）侵犯人身权利、财产权利的行为

侵犯人身权利的行为，是指使用各种手段侵犯他人的身体健康和人格名誉，尚不构成犯罪的行为。

侵犯财产权利的行为，是指用非法手段侵占少量公共财物，或者故意毁坏少量公私财物，尚不构成犯罪的行为。

（四）妨害社会管理的行为

妨害社会管理的行为，是指用非法手段破坏社会管理秩序，尚不构成犯罪的行为。例如，《消防法》第62条第4项规定的阻碍消防车、消防艇执行任务的行为和第5项规定的阻碍公安机关消防机构的工作人员依法执行职务的行为。

五、治安管理处罚的程序

（一）一般程序

一般程序也称普通程序，是指公安机关对于治安管理违法行为实施治安管理处罚时通常适用的程序。一般程序包括如下步骤：①受案；②调查；③告知；④决定；⑤执行。

（二）简易程序

简易程序又称当场处罚程序，是指公安机关对于某些事实清楚、情节简单、后果轻微的治安违法行为，当场作出处罚决定所适用的程序。

适用简易程序，可以由办案人员一人作出治安管理处罚决定。执法人员应当出示工作证件，并填写处罚决定书。处罚决定书一式两份，一份应当当场交付被处罚人，另一份由办案人员在24小时内报所属公安机关备案。有被侵害人的，应当将决定书副本抄送被侵害人。

（三）听证程序

公安机关作出吊销许可证以及处2000元以上罚款的治安管理处罚决定前，应当告知违反治安管理行为人有权要求举行听证；违反治安管理行为人要求听证的，公安机关应当及时依法举行听证。

自学指导

本章学习重点：行政处罚的种类、基本原则，行政处罚的适用，行政处罚的决定程序，行政处罚的执行，行政强制的种类、原则，行政许可的基本原则、实施程序，行政复议的基本原则，行政复议程序及消防行政复议的机关与管辖原则，违反治安管理的行为，应当依照《治安管理处罚法》进行处罚的消防违法行为

1. 行政处罚的种类包括：①警告；②罚款；③没收违法所得和非法财物；④责令停产停业；⑤暂扣或吊销许可证照；⑥行政拘留；⑦法律、行政法规规定的其他行政处罚。

2. 行政处罚的基本原则包括：①处罚法定原则；②公正原则；③公开原则；④一事不再罚原则；⑤处罚与教育相结合的原则；⑥保障当事人合法权利原则；⑦时效原则。

3. 行政处罚的适用包括行政处罚的适用条件和适用方式。行政处罚的适用条件包括前提条件、主体条件、对象条件和时效条件。行政处罚的适用方式包括不予处罚和免予处罚、从轻或减轻处罚、从重处罚和处罚折抵。

4. 行政处罚的决定程序包括简易程序和一般程序。

5. 行政处罚的执行方式包括受处罚人自觉履行、行政机关强制执行、申请人民法院强

制执行三种。行政处罚的执行原则包括自动履行原则、不中止执行原则和罚缴分离原则。

6. 行政强制包括行政强制措施和行政强制执行。其中，行政强制措施的种类包括：①限制公民人身自由；②查封场所、设施或者财物；③扣押财物；④冻结存款、汇款；⑤其他行政强制措施。行政强制执行的方式包括：①加处罚款或者滞纳金；②划拨存款、汇款；③拍卖或者依法处理查封、扣押的场所、设施或财物；④排除妨碍、恢复原状；⑤代履行；⑥其他强制执行方式。在掌握该知识点时应注意分清行政强制措施和行政强制执行的不同类别。

7. 行政强制的原则包括：①法定原则；②适当原则；③教育与强制相结合原则；④禁止谋利原则；⑤救济原则。

8. 行政许可的基本原则包括：①合法性原则；②公开、公平、公正原则；③便民原则；④救济原则；⑤信赖保护原则；⑥行政许可一般不得转让原则；⑦监督原则。

9. 行政许可的实施程序包括申请、受理、审查、决定、听证、变更与延续等步骤。

10. 行政复议的基本原则包括：①合法原则；②公正原则；③公开原则；④及时原则；⑤便民原则。

11. 行政复议程序包括申请、受理、审查、决定、执行等步骤。

12. 消防行政复议的机关主要有：县级以上地方各级人民政府和公安机关。其管辖原则为：①对由县级以上地方各级人民政府公安机关作出的具体消防行政行为，行政复议机关既可以是上一级公安机关，也可以是同级人民政府；②对由各级公安机关消防机构作出的具体消防行政行为不服的，向其主管公安机关申请行政复议；③对由公安派出所作出的具体消防行政行为不服的，向设立该派出所的公安机关申请行政复议。

13. 违反治安管理的行为包括四类：①扰乱公共秩序的行为；②妨害公共安全的行为；③侵犯人身权利、财产权利的行为；④妨害社会管理的行为。

14. 应当依照《治安管理处罚法》进行处罚的消防违法行为包括：①谎报火警的行为；②违反有关消防技术标准和管理规定生产、储存、运输、销售、使用、销毁易燃易爆危险品的行为；③非法携带易燃易爆危险品进入公共场所或者乘坐公共交通工具的行为；④阻碍消防车、消防艇执行任务的行为；⑤阻碍公安机关消防机构的工作人员依法执行职务的行为。

本章学习难点：一事不再罚原则，信赖保护原则，行政复议的事项范围，行政复议参加人

1. 一事不再罚原则，是指对当事人的同一违法行为，不得给予两次以上罚款的行政处罚。对该原则的把握重在对“一事”和“不再罚”的理解。

2. 信赖保护原则，是指行政相对人对行政权力的正当合理的信赖应予以保护，行政机关不得擅自改变已经生效的行政许可。行政许可决定所依据的法律、法规、规章修改或者废止，或者准予行政许可所依据的客观情况发生重大变化，行政机关为了公共利益的需要，可以依法变更或者撤回已经生效的行政许可，但应当对由此给公民、法人或者其他组织造成的财产损失依法给予补偿。确定是否适用信赖保护原则依据以下三要素进行判定：①是否存在信赖保护的基础。信赖保护原则存在的基础是有效成立的行政行为，而不论该行政行为是合法的还是违法的，也不论该行政行为是具体的还是抽象的。②存在信赖表现。信赖表现，是指行政相对人基于行政行为的公定力和确定力而信赖行政行为不会变动，从而对自己的生活作出安排和对财产进行处分。信赖基础与信赖表现之间存在着因果关系，倘没有信赖基础，

信赖表现也无从谈起。③信赖值得保护。信赖是否值得保护，其判断基准是行政相对人对于违法行政行为没有过错。如果是因为相对人的过错（如行贿或提供虚假资料、信息）造成的，则不能成立信赖保护。行政机关撤销或改变违法作出的行政行为，如这种情形不是因相对人的过错造成的，而是因为据以作出该行政行为的法律、法规、规章修改或废止，或者据以作出该行政行为的客观情况发生重大变化，为了公共利益的需要而撤销、废止或改变已作出的行政行为的，要对相对人的损失予以补偿。

3. 行政复议的事项范围：为清楚界定申请行政复议的事项范围，《行政复议法》分别从肯定和否定两个方面规定了可以申请复议的事项范围和行政复议的排除事项。在判断某一行为是否属于行政复议范围时，应从肯定和否定两个方面综合判断。

4. 行政复议参加人：对行政复议参加人这个知识点的把握难点在于对被申请人的确定。在确定被申请人时应首先确定作出具体行政行为的主体是行政机关还是县级以上地方人民政府依法设立的派出机关，或是政府工作部门依法设立的派出机构，抑或是两个或者两个以上行政机关，抑或是法律、法规授权的组织，抑或是被委托机关还是被撤销的行政机关，然后再根据《行政复议法》规定确定行政复议的被申请人。

复习思考题

一、单项选择题（每题设四个选项，其中只有一个正确答案，将其选出并将代表它的ABCD填写在题后的括号内，多选、错选或不选均不得分）

1. 当事人到期不缴纳罚款的，每日按应缴纳罚款数额的（　　）加处罚款。

A. 1%　　B. 3%　　C. 5%　　D. 10%

2. 查封扣押期一般不超过（　　）日。

A. 7　　B. 10　　C. 30　　D. 60

二、填空题（将正确的答案填写在括号中）

1. 行政处罚的实施机关包括（　　）、被授权组织和被委托组织。

2. 行政机关不得在夜间或者（　　）实施行政强制执行。但是，情况紧急的除外。

3. 除法律有特殊规定外，代履行的费用由（　　）承担。

三、名词解释

1. 行政处罚
2. 行政强制措施
3. 行政强制执行
4. 行政许可
5. 行政复议

四、简答题

1. 行政处罚的种类包括哪些？
2. 简述不予处罚的情形。
3. 简述行政处罚的执行方式。
4. 简述行政强制的原则。
5. 行政许可的种类包括哪些？
6. 哪些事项不能申请行政复议？
7. 申请行政复议需满足哪些条件？

8. 简述违反治安管理的四类行为。

9. 列举五种应当依照《治安管理处罚法》进行处罚的消防违法行为。

五、论述题

1. 如何理解一事不再罚原则？

2. 行政复议应遵循哪些基本原则？

3. 如何理解信赖保护原则？

六、案例分析题

某市消防大队在对某化工有限公司进行消防监督检查时发现，该公司一仓库内储存桶装甲醇2t，该仓库为三级耐火等级建筑，其北侧二级耐火等级建筑的灌装车间防火间距不符合《建筑设计防火规范》的规定，同时认定该公司行为违反了《消防法》的规定。消防大队依据《消防法》和《××省消防条例》的规定给予该公司罚款2万元，给予责任人李某警告的行政处罚。数日后，在该市易燃易爆专项整治活动中，市支队检查该公司时发现同样的问题，又给予该公司责令停止使用，并处罚款1万元的处罚。

问题：

（1）消防行政处罚应遵循哪些原则？

（2）公安机关消防机构的行政处罚行为是否违反了一事不再罚原则？

第四章　消防安全相关行政法规

学习目标

1. 应了解、知道的内容：

◇ 生产安全事故的处置要求。

◇ 娱乐场所的概念及其监管主体。

2. 应理解、清楚的内容：

◇ 大型群众性活动的安全责任制度。

◇ 生产安全事故的分级。

◇ 娱乐场所的安全管理要求及违反安全管理规定的法律责任。

◇ 建设工程各主体的安全生产职责。

3. 应掌握、会用的内容：

◇ 大型群众性活动的安全许可制度、承办者的安全责任、举办过程中的安全管理措施。

◇ 生产安全事故发生单位报告事故的要求。

◇ 娱乐场所的设置要求。

4. 应熟练掌握的内容：

◇ 本章所述各消防安全相关行政法规的适用范围。

自学时数　4学时。

老师导学

实践中，一些与消防安全相关度较大的行政法规是从事消防工作必须熟悉的。本章主要对这些与消防安全相关的行政法规进行介绍。在本章的学习中，应重在对相关安全规定的理解和掌握。

第一节　大型群众性活动安全管理条例

《大型群众性活动安全管理条例》于2007年9月14日由国务院第505号令公布，自2007年10月1日起施行。该条例共5章26条，主要对大型群众性活动的安全责任制度和安全监督管理措施等作了规定，旨在保证大型群众性活动的安全举办。

大型群众性活动的消防安全管理是其安全管理工作中的一项重要内容，《消防法》对大型群众性活动的安全许可制度和消防安全措施作出了规定，《大型群众性活动安全管理条例》则对大型群众性活动的消防安全工作作了进一步的细化规定。

一、《大型群众性活动安全管理条例》的适用范围

（一）适用范围

《大型群众性活动安全管理条例》适用于法人或者其他组织面向社会公众举办的每场次预计参加人数达到1000人以上的下列活动：①体育比赛活动；②演唱会、音乐会等文艺演

出活动；③展览、展销等活动；④游园、灯会、庙会、花会、焰火晚会等活动；⑤人才招聘会、现场开奖的彩票销售等活动。

（二）排除适用范围

《大型群众性活动安全管理条例》不适用影剧院、音乐厅、公园、娱乐场所等在其日常业务范围内举办的活动。考虑到影剧院、音乐厅、公园、娱乐场所等在其业务范围内举办的活动虽然符合大型群众性活动的特征，但是已通过相关部门依法经营许可，其安全问题可以纳入日常公共安全管理。

二、大型群众性活动安全管理的方针与原则

大型群众性活动的安全管理遵循“安全第一、预防为主”的方针，坚持“承办者负责、政府监管”的原则。

“安全第一、预防为主”这一方针首先强调安全第一，即举办大型群众性活动应当将安全工作放在首位，确保活动安全是大型群众性活动承办者、场所管理者、活动参加人员的首要任务。同时这一方针突出了预防为主，“安全第一、预防为主”是一个问题的两个方面，体现了目的与手段的统一，要保证安全第一必须做到预防为主。

“承办者负责、政府监管”这一原则，即承办者对活动的安全负责，并组织实施活动的安全工作，公安机关代表政府对活动的安全工作实施监督管理，这是《大型群众性活动安全管理条例》的核心精神。

三、大型群众性活动的安全责任制度

《大型群众性活动安全管理条例》对大型群众性活动的承办者、场所管理者、参加人员的安全责任和公安机关的职责作了明确的规定，这些规定对于保障大型群众性活动的安全举办具有十分重要的意义。

【链接阅读】

激情与热闹成为现代喜庆日子的代名词，然而也孕育了事故隐患。例如，2004 年 2 月 5 日，北京市密云县在举办迎春灯展过程中，由于领导和管理责任没有落实，导致彩虹桥（亦称云虹桥）上拥挤、踩踏，造成 37 人死亡、15 人受伤的特大伤亡事故。再如，2007 年 11 月 10 日，家乐福重庆沙坪坝店举行店庆时，3 名市民在店内被踩踏身亡，30 多名市民不同程度受伤。一系列大型群众性活动安全事故一次次向人们敲响了警钟，提醒人们举办大型群众性活动一定要做好安全防范工作，落实安全责任。

（一）大型群众性活动承办者的安全责任

《大型群众性活动安全管理条例》规定，大型群众性活动的安全由大型群众性活动的承办者（以下简称承办者）负责，承办者的主要负责人为大型群众性活动的安全责任人。承办者的具体安全职责包括：

1）制定活动安全工作方案。

2）明确安全措施、安全工作人员岗位职责，开展安全宣传教育。

3）保障临时搭建的设施、建筑物的安全，消除安全隐患。

4）配备必要的安全检查设备，对参加活动的人员进行安全检查，对拒不接受安全检查的，有权拒绝其进入。

5）按照核准的活动场所容纳人员数量、划定的区域发放或者出售门票。

6）落实医疗救护、灭火、应急疏散等应急救援措施并组织演练。

7）及时制止妨碍活动安全的行为，发现违法犯罪行为及时向公安机关报告。

8）配备相应的专业保安人员以及其他安全工作人员。

9）提供必要的安全工作保障。

（二）大型群众性活动场所管理者的安全责任

1）保障活动场所、设施符合国家安全标准和安全规定。

2）保障疏散通道、安全出口、消防车通道、应急广播、应急照明、疏散指示标志符合法律、法规、技术标准的规定。

3）保障监控设备和消防设施、器材配置齐全、完好有效。

4）提供必要的停车场地，并维护安全秩序。

（三）参加大型群众性活动的人员的安全责任

1）遵守法律、法规和社会公德。

2）遵守活动场所的治安、消防等管理制度，接受安全检查，不得携带爆炸性、易燃性、放射性、毒害性、腐蚀性等危险物质或者非法携带枪支、弹药、管制器具。

3）服从安全管理。

（四）公安机关的安全职责

1）审核承办者提交的活动申请材料，实施安全许可。

2）制定活动安全监督方案和突发事件处置预案。

3）指导对安全工作人员的教育培训。

4）在活动举办前，对活动场所组织安全检查，发现安全隐患及时责令改正。

5）在活动举办过程中，对安全工作的落实情况实施监督检查，发现安全隐患及时责令改正。

6）依法查处活动中的违法犯罪行为，处置危害公共安全的突发事件。

四、大型群众性活动的安全许可制度

大型群众性活动具有规模大、参加人员多、危险系数高、安全问题突出等特点。为了保障活动的安全举办，避免安全事故发生，举办大型群众性活动必须具备法定的安全条件，依法向公安机关申请安全许可。

考虑到对营业性演出活动的安全许可已经有专门的行政法规规范，为使行政法规之间相互衔接，《大型群众性活动安全管理条例》对此作了特别规定："《营业性演出管理条例》对演出活动的安全管理另有规定的，从其规定"。此外，对于县级以上各级人民政府、国务院部门直接举办的大型群众性活动，由举办活动的人民政府、国务院部门负责活动的安全保卫工作，不实行安全许可制度。

（一）安全许可管辖

大型群众性活动的许可管辖权以属地管辖为主，根据活动的规模由各级公安部门实施安全许可，具体分工如下：

1）预计参加人数在1000人以上5000人以下的，由活动所在地县级人民政府公安机关实施安全许可。

2）预计参加人数在5000人以上的，由活动所在地设区的市级人民政府公安机关或者直辖市人民政府公安机关实施安全许可。

3）跨省、自治区、直辖市举办大型群众性活动的，由国务院公安部门实施安全许可。

（二）安全许可程序

首先由承办者在活动举办日的20日前向所属公安机关提出安全许可申请，并递交安全条件的相关文件、资料；公安机关收到申请材料后对受理的申请自受理之日起7日内进行审查，对活动场所进行查验，经审查符合安全条件的，办理安全许可证；对不符合安全条件的，作出不予许可的决定，并书面说明理由。

（三）安全许可的变更和取消

承办者需要变更或者取消已经获得的安全许可的，依照下列规定：

1）变更活动时间的，应当在原定举办活动时间之前向作出许可决定的公安机关申请变更，经公安机关同意方可变更。

2）变更活动地点、内容以及扩大活动举办规模的，应当依照规定重新申请安全许可。

3）取消举办活动的，应当在原定举办活动时间之前书面告知作出安全许可决定的公安机关，并交回公安机关颁发的准予举办活动的安全许可证件。

五、大型群众性活动举办过程中的安全管理措施

根据《大型群众性活动安全管理条例》，大型群众性活动举办过程中的安全管理措施主要包括：

1）承办者发现进入活动场所的人员达到核准数量时，应立即停止验票。

2）承办者发现持有划定区域以外的门票或者持假票的人员时，应拒绝其入场并向活动现场的公安机关工作人员报告。

3）发生公共安全事故、治安案件的，安全责任人应立即启动应急救援预案，并立即报告公安机关。

六、法律责任

违反《大型群众性活动安全管理条例》，需要承担相应的法律责任，《大型群众性活动安全管理条例》对此作出了明确规定，具体包括以下几点：

（一）承办者违反规定的法律责任

1）未经许可擅自举办大型群众性活动的，由公安机关予以取缔，并对承办单位处10万以上30万元以下罚款。

2）擅自变更活动的时间、地点、内容或者擅自扩大活动的举办规模的，由公安机关对承办单位处1万元以上5万元以下罚款；有违法所得的，没收违法所得。

3）违反安全规定造成严重后果尚不构成犯罪的，由公安机关对承办单位处1万元以上5万元以下罚款。

（二）承办单位责任人违反规定的法律责任

在大型群众性活动举办过程中发生公共安全事故，安全责任人不立即启动应急救援预案或者不立即向公安机关报告的，由公安机关对安全责任人和其他直接责任人员处5000元以上5万元以下罚款。

（三）场所管理者违反规定的法律责任

承办者或者活动场所管理者违反安全规定造成严重后果尚不构成犯罪的，由公安机关对场所管理单位处 1 万元以上 5 万元以下罚款。

（四）参加大型群众性活动的人员违反规定的法律责任

参加大型群众性活动的人员有违反规定行为的，由公安机关给予批评教育；有危害社会治安秩序、威胁公共安全行为的，公安机关可以将其强行带离现场，依法给予治安管理处罚；构成犯罪的，依法追究刑事责任。

第二节 生产安全事故报告和调查处理条例

《生产安全事故报告和调查处理条例》于 2007 年 4 月 9 日由国务院第 493 号令公布，自 2007 年 6 月 1 日起施行。该条例共 6 章 46 条，主要对生产安全事故的报告和调查处理的原则和程序等作了规定，旨在规范生产安全事故的报告和调查处理，落实生产安全事故责任追究制度，防止和减少生产安全事故。

消防安全事故在生产安全事故中占有重要的比例，在生产经营活动中发生的消防安全事故的报告和调查处理应遵循《生产安全事故报告和调查处理条例》的规定。

一、《生产安全事故报告和调查处理条例》的适用范围

《生产安全事故报告和调查处理条例》适用于生产经营活动中发生的造成人身伤亡或者直接经济损失的生产安全事故的报告和调查处理。不适用于环境污染事故、核设施事故、国防科研生产事故的报告和调查处理。

二、生产安全事故的分级

事故等级划分直接关系到事故报告的级别、事故调查组的组成以及事故责任的追究。根据事故造成的人员伤亡或者直接经济损失情况，生产安全事故分为以下四个等级：

（一）特别重大事故

特别重大事故，是指造成 30 人以上死亡，或者 100 人以上重伤（包括急性工业中毒，下同），或者 1 亿元以上直接经济损失的事故。

（二）重大事故

重大事故，是指造成 10 人以上 30 人以下死亡，或者 50 人以上 100 人以下重伤，或者 5000 万元以上 1 亿元以下直接经济损失的事故。

（三）较大事故

较大事故，是指造成 3 人以上 10 人以下死亡，或者 10 人以上 50 人以下重伤，或者 1000 万元以上 5000 万元以下直接经济损失的事故。

（四）一般事故

一般事故，是指造成 3 人以下死亡，或者 10 人以下重伤，或者 1000 万元以下直接经济损失的事故。

三、生产安全事故报告的原则

生产安全事故报告的原则是及时、准确、完整，严禁任何单位和个人对事故迟报、漏

报、谎报或者瞒报。

生产安全事故难以避免，但是能否及时、真实地报告情况，及时采取措施实施救援，关系到生产安全事故能否得到有效控制和处理，能否避免或者减少人员伤亡和财产损失。隐瞒不报、谎报和拖延不报生产安全事故的，势必延误救援时机，扩大人员伤亡和财产损失，是一种严重的违法行为。

四、事故发生单位报告事故的要求

事故发生后，事故发生单位应及时报告事故情况，根据《生产安全事故报告和调查处理条例》的规定，事故发生单位报告事故遵循下列规定：

（一）事故现场有关人员向本单位负责人报告

事故发生后，事故现场有关人员应立即向本单位负责人报告。这里的有关人员，主要是指事故发生单位在事故现场的有关工作人员，既可以是事故的负伤者，也可以是在事故现场的其他工作人员。在事故现场的工作人员死亡和重伤无法报告，且事故现场又没有其他工作人员时，任何首先发现事故的人都负有立即报告事故的义务。

一般情况下，事故现场有关人员应当向本单位负责人报告事故，但是，事故是人命关天的大事，在情况紧急时，允许事故现场有关人员直接向安全生产监督管理部门和负有安全生产监督管理职责的有关部门报告。

（二）单位负责人向有关部门报告

单位负责人接到报告后，应当在1小时内向事故发生地的县级以上人民政府安全生产监督管理部门和负有安全生产监督管理职责的有关部门报告。

事故单位负责人既有向县级以上人民政府安全生产监督管理部门报告的义务，又有向负有安全生产监督管理职责的有关部门报告的义务，即事故报告是两条线，实行双报告制。这是由我国现行的综合监管与专项监管相结合的安全生产管理体制决定的。

单位负责人向有关部门报告事故，报告的内容包括：①事故发生单位概况；②事故发生的时间、地点以及事故现场情况；③事故发生的简要经过；④事故已经造成或者可能造成的伤亡人数（包括下落不明的人数）和初步估计的直接经济损失；⑤已经采取的措施和其他需要报告的情况。

（三）补报

自事故发生之日起30日内，事故造成的伤亡人数可能会发生变化，如果伤亡人数发生变化的，事故单位和各级安全生产监督管理部门需要及时补报。道路交通事故、火灾事故自发生之日起7日内，事故造成的伤亡人数发生变化的，有关部门需及时补报。

五、生产安全事故的处置要求

生产安全事故发生后，事故发生单位、有关部门和相关单位应采取措施对事故进行及时处置，《生产安全事故报告和调查处理条例》对此作出了具体规定：

1）事故发生单位应立即启动事故应急预案，或者采取有效措施，组织抢救。

2）政府或安全生产监督管理部门和负有安全生产监督管理职责的有关部门的负责人应立即赶赴事故现场，组织事故救援。

3）相关单位和人员在处置事故时要对现场及相关证据妥善保护，不得破坏事故现场、毁灭相关证据，因抢救人员、防止事故扩大以及疏通交通等原因，需要移动事故现场物件的，要作出标志，绘制现场简图并作出书面记录，妥善保存现场重要痕迹、物证。

4）事故发生地公安机关根据事故的情况，对涉嫌犯罪的，依法立案侦查，采取强制措施和侦查措施。对逃匿的犯罪嫌疑人，应当迅速追捕归案。

六、生产安全事故的调查组织与事故处理

（一）生产安全事故的调查组织

根据事故的具体情况，可以由有关人民政府、安全生产监督管理部门、负有安全生产监督管理职责的有关部门、监察机关、公安机关以及工会派人组成事故调查组织即事故调查组，也可以聘请有关专家参与调查，并邀请人民检察院派人参加。

根据事故等级的不同，生产安全事故的调查分别由不同级别的事故调查组负责，具体分工如表 4-1 所示。

表 4-1　不同级别事故调查组的具体分工

事故等级	调　查　组	备　　注
特别重大事故	国务院或者国务院授权有关部门组织的事故调查组	
重大事故	事故发生地省级人民政府，也可以是授权或者委托有关部门组织的事故调查组	1. 上级政府认为必要时，可以调查由下级政府负责调查的事故 2. 自事故发生之日起 30 日内（道路交通事故、火灾事故自发生之日起 7 日内），因事故伤亡人数变化导致事故等级发生变化，依照规定由上级政府负责调查的，上级政府可以另行组织事故调查组进行调查 3. 事故发生地与事故发生单位不在同一个县级以上行政区域的，由事故发生地政府负责调查，事故发生单位所在地政府派人参加
较大事故	事故发生地设区的市级人民政府，也可以是授权或者委托有关部门组织的事故调查组	
一般事故	事故发生地县级人民政府，也可以是授权或者委托有关部门组织的事故调查组	
未造成人员伤亡的一般事故	事故发生地县级人民政府，也可以是授权或者委托有关部门组织的事故调查组，还可以是县级政府委托事故发生单位组织的事故调查组	

【案例】 2010 年 11 月 15 日，上海市静安区胶州路 728 号公寓大楼发生特别重大火灾事故，造成 58 人死亡，71 人受伤。国务院于 2010 年 11 月 17 日成立了国务院上海市静安区胶州路公寓大楼“11 · 15”特别重大火灾事故调查组，调查组由国家安全生产监督管理总局、监察部、公安部、住房和城乡建设部、全国总工会和上海市人民政府及有关部门人员组成，最高人民检察院应邀派员参加调查。事故调查组经过调查取证，查清了事故原因、性质和责任，提出了对有关责任人员的处理建议和防范措施。

（二）生产安全事故的处理

生产安全事故的处理，主要是指在事故调查结束后，依法对相关单位和人员进行责任追究。这里的责任追究包括：①有关机关依照法律法规的规定和负责事故调查的人民政府的批复对事故发生单位和有关人员进行行政处罚，对负有事故责任的国家工作人员进行处分；②事故发生单位按照政府的批复，对本单位负有事故责任的人员进行处理；③对涉嫌犯罪的事故责任人员，依法追究刑事责任。

【链接阅读】

关于政府的批复，《生产安全事故报告和调查处理条例》规定，负责事故调查的人民政府应当在规定时间内对事故调查情况作出批复。即对重大事故、较大事故、一般事故，自收

到事故调查报告之日起15日内作出批复；特别重大事故，30日内作出批复，特殊情况下，时间可以适当延长，但延长的时间最长不超过30日。

第三节　娱乐场所管理条例

《娱乐场所管理条例》于2006年1月29日由国务院第458号令公布，自2006年3月1日起施行。该条例共6章58条，主要对娱乐场所的设立、经营、监督管理、法律责任等作了规定，旨在加强对娱乐场所的管理，保障娱乐场所的健康发展。

对于娱乐场所设立和经营过程中的消防安全要求，《娱乐场所管理条例》作了详尽而明确的要求，相关行政主体和相对人应当遵守。

一、《娱乐场所管理条例》的适用范围

《娱乐场所管理条例》适用于所有娱乐场所的设立、经营、管理等活动。这里的娱乐场所，是指以营利为目的，并向公众开放，消费者自娱自乐的歌舞、游艺等场所。娱乐场所大致包括两类：①以人际交谊为主的歌厅、舞厅、卡拉OK厅等；②依靠游艺器械经营的场所，如电子游戏厅、游艺厅等。

酒吧、茶吧、咖啡厅、饭店、网吧、桑拿、按摩、洗浴等场所不属于《娱乐场所管理条例》的适用范畴。这些场所虽然也有可能有专业的文艺演出活动，但这些演出是整个营业项目的组成部分，或者说是主营项目的配套服务，应当按照《营业性演出管理条例》的规定管理。网吧则按照《互联网上网服务营业场所管理条例》进行管理。此外，根据《娱乐场所管理条例》中对于娱乐场所的界定，单位内部不对社会公众开放而只对所属员工开放的一些活动场所，如机关、工矿企业为自己员工举办联欢会、舞会、卡拉OK演唱活动的场所，也不属于《娱乐场所管理条例》的调整范围。

二、娱乐场所的监管主体

娱乐场所的日常经营活动由县级以上人民政府文化主管部门负责监督管理，县级以上公安部门负责对娱乐场所的消防、治安状况进行监督管理。

三、娱乐场所设立的行政许可制度

根据《娱乐场所管理条例》的规定，设立娱乐场所应当向所在地县级人民政府文化主管部门提出申请（其中，设立中外合资经营、中外合作经营的娱乐场所，应当向所在地省、自治区、直辖市人民政府文化主管部门提出申请），文化主管部门应当对受理的申请依法进行审查，并根据审查结果作出是否批准的决定。予以批准的，颁发娱乐经营许可证；不予批准的，应当书面通知申请人并说明理由。

申请人取得娱乐经营许可证和有关消防、卫生、环境保护的批准文件（有关法律、行政法规规定需要办理消防、卫生、环境保护等审批手续的，从其规定）后，方可到工商行政管理部门办理登记手续，领取营业执照。娱乐场所取得营业执照后，应当在15日内向所在地县级公安部门备案。

娱乐场所如果有改建、扩建营业场所或者变更场地、主要设施设备、投资人员，或者变

更娱乐经营许可证载明的事项的，应当向原发证机关申请重新核发娱乐经营许可证，并向公安部门备案；需要办理变更登记的，应当依法向工商行政管理部门办理变更登记。

四、娱乐场所的设置要求

娱乐场所的使用面积，不得低于国务院文化主管部门规定的最低标准；设立含有电子游戏机的游艺娱乐场所，应当符合国务院文化主管部门关于总量和布局的要求。

娱乐场所不得设在下列地点：

1）居民楼、博物馆、图书馆和被核定为文物保护单位的建筑物内。

2）居民住宅区和学校、医院、机关周围。

3）车站、机场等人群密集的场所。

4）建筑物地下一层以下。

5）与危险化学品仓库毗连的区域。

【链接阅读】

文化部 2013 年发布施行的《娱乐场所管理办法》第 7 条规定：“歌舞娱乐场所消费者人均占有使用面积不得低于 $1.5m^2$（农村地区除外），游艺娱乐场所的使用面积不少于 $200m^2$，使用面积不包括办公、仓储等非营业性区域”。

五、娱乐场所的安全管理要求

（一）娱乐场所的安全责任人

娱乐场所的法定代表人或者主要负责人应当对娱乐场所的消防安全和其他安全负责。

（二）歌舞娱乐场所的安全管理要求

根据《娱乐场所管理条例》，歌舞娱乐场所的主要安全管理要求包括：

1）按照国务院公安部门的规定在营业场所的出入口、主要通道安装闭路电视监控设备，并保证闭路电视监控设备在营业期间正常运行，不得中断，并将闭路电视监控录像资料留存 30 日备查，不得删改或者挪作他用。

2）歌舞娱乐场所的包厢、包间内不得设置隔断，并应当安装展现室内整体环境的透明门窗。包厢、包间的门不得有内锁装置。

3）营业期间，歌舞娱乐场所内亮度不得低于国家规定的标准。

（三）娱乐场所营业期间的安全管理要求

娱乐场所营业期间应采取措施确保安全，具体要求包括：①营业期间，应当保证疏散通道和安全出口畅通，不得封堵、锁闭疏散通道和安全出口，不得在疏散通道和安全出口设置栅栏等影响疏散的障碍物；②应当在疏散通道和安全出口设置明显指示标志，不得遮挡、覆盖指示标志。

（四）其他安全管理要求

1）确保娱乐场所的建筑、设施符合国家安全标准和消防技术规范，定期检查消防设施状况，并及时维护、更新。

2）制定安全工作方案和应急疏散预案。

3）禁止任何人非法携带枪支、弹药、管制器具，或者携带爆炸性、易燃性、毒害性、放射性、腐蚀性等危险品和传染病病原体进入娱乐场所。

4）迪斯科舞厅应当配备安全检查设备，对进入营业场所的人员进行安全检查。

5）在营业场所的大厅、包厢、包间内的显著位置，悬挂含有禁毒、禁赌、禁止卖淫嫖娼等内容的警示标志、未成年人禁入或者限入标志，并注明公安部门、文化主管部门的举报电话。

6）建立巡查制度，发现娱乐场所内有违法犯罪活动的，应当立即向所在地县级公安部门、县级人民政府文化主管部门报告。

六、违反娱乐场所安全管理规定的法律责任

（一）违法设立娱乐场所的法律责任

1）擅自从事娱乐场所经营活动的，由工商行政管理部门、文化主管部门依法予以取缔；公安部门在查处治安、刑事案件时，发现擅自从事娱乐场所经营活动的，应当依法予以取缔。

2）因擅自从事娱乐场所经营活动被依法取缔的，其投资人员和负责人终身不得投资开办娱乐场所或者担任娱乐场所的法定代表人、负责人。

3）以欺骗等不正当手段取得娱乐经营许可证的，由原发证机关撤销娱乐经营许可证。

4）娱乐场所因违反《娱乐场所管理条例》规定，被吊销或者撤销娱乐经营许可证的，自被吊销或者撤销之日起，其法定代表人、负责人 5 年内不得担任娱乐场所的法定代表人、负责人。

（二）违法经营管理娱乐场所的法律责任

1）娱乐场所经营管理过程中有下列情形之一的，由县级公安部门责令改正并给予警告；情节严重的，责令停业整顿 1 ~ 3 个月：

① 照明设施、包厢、包间的设置以及门窗的使用不符合《娱乐场所管理条例》规定的。

② 不按规定安装闭路电视监控设备或者中断使用的。

③ 不按规定留存监控录像资料或者删改监控录像资料的。

④ 不按规定配备安全检查设备或者未对进入营业场所的人员进行安全检查的。

2）娱乐场所取得营业执照后，未按照规定向公安部门备案的，由县级公安部门责令改正，给予警告。

3）娱乐场所未按照规定悬挂警示标志、未成年人禁入或者限入标志的，由县级人民政府文化主管部门、县级公安部门依据法定职权责令改正，给予警告。

（三）其他

娱乐场所违反有关治安管理或者消防管理法律、行政法规规定的，由公安部门依法予以处罚；构成犯罪的，依法追究刑事责任。

娱乐场所违反有关卫生、环境保护、价格、劳动等法律、行政法规规定的，由有关部门依法予以处罚；构成犯罪的，依法追究刑事责任。

第四节　建设工程安全生产管理条例

《建设工程安全生产管理条例》于 2003 年 11 月 24 日由国务院第 393 号令公布，自 2004 年 2 月 1 日起施行。该条例共 8 章 71 条，主要对建设工程安全生产的监督管理和相关

单位对建设工程的安全责任等作了规定，旨在加强建设工程安全生产监督管理，保障人民群众生命和财产安全。

消防安全是建设工程安全生产的重要内容，在建设工程安全生产管理中，各责任主体应当依照《建设工程安全生产管理条例》的规定履行其相应的消防安全职责。

一、《建设工程安全生产管理条例》的适用范围

《建设工程安全生产管理条例》适用于从事建设工程的新建、扩建、改建和拆除等有关活动及实施对建设工程安全生产的监督管理。

二、建设工程各主体的安全生产职责

建设工程安全生产的主体是多元的，涉及建设、勘查、设计、施工、监理等多个单位，这些单位在各自的职责范围和建设工程生产的各个阶段履行好各自的安全生产职责，是建设工程生产安全的重要保障。各主体的具体职责内容如下：

（一）建设单位的安全生产职责

1）向施工单位提供施工现场及毗邻区域内的供水、排水、供电、供气、供热、通信、广播电视等地下管线资料，气象和水文观测资料，相邻建筑物和构筑物、地下工程的有关资料，并保证资料的真实、准确、完整。

2）禁止对勘察、设计、施工、工程监理等单位提出不符合建设工程安全生产法律、法规和强制性标准规定的要求，不得要求压缩合同的工期。

3）在编制工程概算时，确定建设工程安全作业环境及安全施工措施所需费用。

4）禁止明示或者暗示施工单位购买、租赁、使用不符合安全施工要求的安全防护用具、机械设备、施工机具及配件、消防设施和器材。

5）在申请领取施工许可证时，应提供建设工程有关保证安全施工措施的资料。

6）将拆除工程发包给具有相应资质等级的施工单位。

（二）勘察单位的安全生产职责

1）取得相应的等级资质证书，并在许可范围内从事勘察活动。

2）按照法律、法规和工程强制性标准进行勘察，提供真实、准确、满足安全生产要求的勘察文件。

3）严格执行操作规程，采取措施保证各类管线、设施和周边建筑物、构筑物的安全。

（三）设计单位的安全生产职责

1）取得相应的等级资质证书，在许可范围内承揽设计业务。

2）按照法律、法规和工程建设强制性标准进行设计，保证设计质量和施工安全。

3）对涉及施工安全的重点部位和环节，在设计文件中注明，并对防范事故提出指导意见。

4）对采用新结构、新材料、新工艺的建设工程以及特殊结构的工程，提出保障施工作业人员安全和预防事故的措施建议。

（四）工程监理单位的安全生产职责

1）审查施工组织设计中的安全技术措施或者专项施工方案是否符合工程建设强制性标准。

2）在实施监理过程中，发现事故隐患时要求施工单位整改；情节严重的要求施工单位停止施工，并及时报告建设单位。施工单位拒不整改或者不停止施工的，工程监理单位应及时向有关主管部门报告。

3）工程监理单位和监理工程师依法实施监理，并对建设工程安全生产承担监理职责。

（五）施工单位的安全生产职责

1. 具备相应的资质条件

施工单位必须具备国家规定的注册资本、专业技术人员、技术装备和安全生产等条件，依法取得相应的资质等级证书，并在其资质等级许可的范围内承揽工程。施工单位禁止以任何形式允许其他单位或个人使用本单位的资质证书、营业执照，以本单位的名义承揽工程。

2. 主要负责人和项目负责人对施工安全负责

施工单位主要负责人对本单位的安全生产工作全面负责。施工单位的项目负责人（项目经理）须由取得相应执业资格的人员担任，对建设工程项目的安全施工负责，落实安全生产责任制、安全生产规章制度和操作规程，确保安全生产费用的有效使用，并根据工程的特点组织制定安全施工措施，消除安全事故隐患，及时、如实报告生产安全事故。

3. 设立安全管理机构，配备安全生产管理人员

施工单位负责设立安全生产管理机构，配备安全生产管理人员。专职安全生产管理人员负责对安全生产进行现场监督检查。

4. 明确总承包单位与分包单位的安全管理职责

建设工程实行总承包的，由总承包单位对施工现场的安全生产负总责；总承包单位将建设工程分包给其他单位的，分包合同中需明确各自的安全生产方面的权利、义务，总承包单位和分包单位对分包工程的安全生产承担连带责任；分包单位应当服从总承包单位的安全生产管理，分包单位不服从管理导致生产安全事故的，由分包单位承担主要责任。

5. 特种作业人员持证上岗

特种作业人员，是指垂直运输机械作业人员、安装拆卸工、爆破作业人员、起重信号工、登高架设作业人员等。这些人员必须经过专门的安全作业培训，取得特种作业操作资格证书后，方可上岗作业。

6. 设置安全警示标志

在施工现场入口、起重机械、临时用电设施、脚手架、出入通道口、楼梯口、电梯井口、孔洞口、桥梁口、隧道口、基坑边沿、爆破物及有害危险气体、液体的存放处等危险部位，设置明显的安全警示标志。

三、建设工程安全生产监督管理体制

（一）综合监督管理

国务院负责安全生产监督管理的部门对全国建设工程安全生产工作实施综合监督管理。县级以上地方人民政府负责安全生产监督管理的部门对本行政区域内的建设工程安全生产工作实施综合监督管理。

（二）专项监督管理

1）国务院建设行政主管部门对全国的建设工程安全生产实施监督管理。

2）国务院铁路、交通、水利等有关部门按照国务院规定的职责分工，负责有关专业建

设工程安全生产的监督管理。

3）县级以上地方人民政府建设行政主管部门对本行政区域内的建设工程安全生产实施监督管理。

4）县级以上地方人民政府交通、水利等有关部门在各自的职责范围内，负责本行政区域内的专业建设工程安全生产的监督管理。

自学指导

本章学习重点：大型群众性活动安全责任制度的内容及违反《大型群众性活动安全管理条例》的法律责任，生产安全事故报告的原则以及事故发生单位报告事故的要求，娱乐场所的安全管理要求，建设工程安全生产主体及其职责

1. 大型群众性活动的安全责任制度的内容，是指《大型群众性活动安全管理条例》对大型群众性活动的承办者、场所管理者、参加人员的安全责任和公安机关的职责所作的具体规定。

大型群众性活动的承办者、场所管理者、参加人员等违反《大型群众性活动安全管理条例》的规定，应承担相应的法律责任。

2. 生产安全事故报告的原则是：及时、准确、完整，严禁迟报、漏报、谎报或者瞒报。

事故发生单位报告事故的要求包括事故单位内部报告事故的要求和事故单位向有关部门报告事故的要求。

3. 娱乐场所的安全管理要求包括安全责任人、歌舞娱乐场所的安全管理要求、营业期间的安全管理要求及其他安全管理要求。

4. 建设工程安全生产主体包括建设单位、勘查单位、设计单位、工程监理单位和施工单位，这些单位对建设工程分别负有不同的安全生产职责。

本章学习难点：大型群众性活动的安全许可制度

大型群众性活动的安全许可制度是一项重要的安全管理制度。理解大型群众性活动的安全许可制度主要是把握其程序要求，从而进一步掌握大型群众性活动安全许可的流程。

复习思考题

一、单项选择题（每题设四个选项，其中只有一个正确答案，将其选出并将代表它的ABCD填写在题后的括号内，多选、错选或不选均不得分）

1. 大型群众性活动，是指法人或者其他组织面向社会公众举办的每场次预计参加人数达到（　　）人以上的活动。

A. 500　　　　B. 700

C. 800　　　　D. 1000

2. 建设工程实行总承包的，由（　　）对施工现场的安全生产负总责。

A. 建设单位　　　　B. 总承包单位

C. 分包单位　　　　D. 监理单位

二、填空题（将正确的答案填写在括号中）

1. 大型群众性活动的安全由大型群众性活动的（　　）负责。

2. 根据事故造成的人员伤亡或者直接经济损失情况，生产安全事故分为以下四个等级：特别重大事故、（　　）、较大事故、一般事故。

三、名词解释

1. 特别重大事故
2. 娱乐场所

四、简答题

1. 简述参加大型群众性活动的人员的安全责任。
2. 简述娱乐场所营业期间的安全管理要求。

五、论述题

如何理解大型群众性活动安全管理的方针与原则？

第五章　消防行政规章

学习目标

1. 应了解、知道的内容：

◇ 本章所述各部门消防规章的适用范围。

◇ 消防安全教育培训机构成立的条件、程序及要求。

◇ 建设工程消防质量的责任主体及其责任、建设工程消防监督管理工作的要求。

◇ 消防监督检查的内容。

◇ 火灾事故调查的原则。

2. 应理解、清楚的内容：

◇ 建设工程消防设计审核、消防验收的程序及要求。

◇ 建设工程消防监督管理中的相关法律责任。

◇ 消防监督检查的相关程序。

◇ 火灾事故调查的管辖与调查程序。

3. 应掌握、会用的内容：

◇ 单位各消防安全责任主体的消防安全职责及单位各项消防安全制度。

◇ 公共娱乐场所的消防安全许可。

◇ 单位、学校等进行消防安全教育培训的要求。

◇ 消防监督检查的形式。

4. 应熟练掌握的内容：

◇ 消防安全责任人、消防安全管理人的消防安全职责。

◇ 公共娱乐场所的消防安全要求。

◇ 建设工程消防设计审核、消防验收工程范围。

◇ 火灾事故调查的任务。

自学时数　8学时。

老师导学

按照制定主体而言，消防行政规章包括两类：①由国务院各部委制定的规范消防行政工作的部门消防规章；②由省、自治区、直辖市人民政府以及省会、自治区首府和国务院批准的较大市的人民政府制定的规范消防行政工作的地方政府消防规章。从适用范围来讲，地方政府消防规章仅适用于制定主体所辖区域，具有地域特色，而部门消防规章不受区域的限制，适用范围广。限于篇幅，本章仅对《机关、团体、企业、事业单位消防安全管理规定》《公共娱乐场所消防安全管理规定》《社会消防安全教育培训规定》《消防监督检查规定》《建设工程消防监督管理规定》《火灾事故调查规定》等几部主要的部门消防规章作介绍。在本章的学习中，重在理解、掌握各规章的主要内容，理论联系实际。

第一节 机关、团体、企业、事业单位消防安全管理规定

《机关、团体、企业、事业单位消防安全管理规定》于2001年11月14日由公安部第61号令发布，自2002年5月1日起施行。该规定共10章48条，主要对机关、团体、企业、事业单位的消防安全职责和消防安全管理要求等作了规定，旨在加强和规范机关、团体、企业、事业单位的消防安全管理，预防火灾和减少火灾危害。该规定的实施，对于推动单位落实自身的消防安全责任制，推进消防工作法制化和社会化具有十分重要的意义。

一、《机关、团体、企业、事业单位消防安全管理规定》的适用范围

《机关、团体、企业、事业单位消防安全管理规定》适用于中华人民共和国境内的机关、团体、企业、事业单位（以下统称单位）自身的消防安全管理。这里的消防安全管理，是指单位在各类生产经营活动以及娱乐和其他服务活动中对涉及消防安全事项的各种管理工作。

【链接阅读】

机关，包括国家权力机关、国家行政机关和国家司法机关。企业，是指直接从事生产、运输、经营和其他服务活动，实行独立经济核算的经济组织，这里既包括我国的企业，也包括在我国的外资企业和中外合资企业。事业单位，是指为国家创造和改善生产条件，促进社会福利，满足人民文化、卫生等需要，其经费实行国家预算拨款制的组织。团体，是指为实现会员共同意愿，按照其章程开展活动的非营利性社会组织。

二、单位各消防安全责任主体的消防安全职责

（一）消防安全责任人的消防安全职责

消防安全责任人，是指法人单位的法定代表人或者非法人单位的主要负责人。其中，消防安全重点单位的消防安全责任人需要报当地公安机关消防机构备案。根据《机关、团体、企业、事业单位消防安全管理规定》的规定，消防安全责任人对本单位的消防安全工作全面负责，其具体的消防安全职责包括：

1）贯彻执行消防法规，保障单位消防安全符合规定，掌握本单位的消防安全情况。

2）将消防工作与本单位的生产、科研、经营、管理等活动统筹安排，批准实施年度消防工作计划。

3）为本单位的消防安全提供必要的经费和组织保障。

4）确定逐级消防安全责任，批准实施消防安全制度和保障消防安全的操作规程。

5）组织防火检查，督促落实火灾隐患整改，及时处理涉及消防安全的重大问题。

6）根据消防法规的规定建立专职消防队、义务消防队。

7）组织制定符合本单位实际的灭火和应急疏散预案，并实施演练。

（二）消防安全管理人的消防安全职责

消防安全管理人，是指单位具体实施消防安全管理工作的管理人员，一般是在单位消防安全责任人的直接领导下，负责本单位的具体消防安全工作。其中，消防安全重点单位需要将本单位的消防安全管理人报当地公安机关消防机构备案。消防安全管理人对单位的消防安

全责任人负责，定期向消防安全责任人报告消防安全情况，及时报告涉及消防安全的重大问题，同时，具体实施和组织落实下列消防安全管理工作：

1）拟订年度消防工作计划，组织实施日常消防安全管理工作。

2）组织制定消防安全制度和保障消防安全的操作规程并检查督促其落实。

3）制定消防安全工作的资金投入和组织保障方案。

4）组织实施防火检查和火灾隐患整改工作。

5）组织实施对本单位消防设施、灭火器材和消防安全标志的维护保养，确保其完好有效，确保疏散通道和安全出口畅通。

6）组织管理专职消防队和义务消防队。

7）在员工中组织开展消防知识、技能的宣传教育和培训，组织灭火和应急疏散预案的实施和演练。

8）单位消防安全责任人委托的其他消防安全管理工作。

（三）产权单位与承包人、租赁人、被委托经营人、被委托管理人各自的消防安全职责

单位实行承包、租赁或者委托经营、管理时，产权单位与承包人、租赁人、被委托经营人、被委托管理人各自的消防安全职责应在订立的合同中依照有关规定予以明确。其各自的消防安全职责如下：

1）产权单位提供符合消防安全要求的建筑物。

2）消防车通道、涉及公共消防安全的疏散设施和其他建筑消防设施由产权单位管理，或者是委托统一管理。

3）承包、承租或者受委托经营、管理的单位应当遵守消防法律法规的规定，在其使用、管理范围内履行消防安全职责。

（四）物业管理单位的消防安全职责

居民住宅区的物业管理单位在管理范围内应履行的消防安全职责包括：

1）制定消防安全制度，落实消防安全责任，开展消防安全宣传教育。

2）开展防火检查，消除火灾隐患。

3）保障疏散通道、安全出口、消防车通道畅通。

4）保障公共消防设施、器材以及消防安全标志完好有效。

非居民住宅区的物业管理单位对受委托管理范围内的公共消防安全管理工作负责。

（五）大型活动的主办单位、承办单位以及提供场地单位的消防安全职责

举办集会、焰火晚会、灯会等具有火灾危险的大型活动，主办或者承办单位需要在具备消防安全条件后，向公安机关申报治安许可。

大型活动的主办单位、承办单位以及提供场地的单位应在订立的合同中明确各方的消防安全责任。通常，提供场地的单位要提供符合消防安全要求的建筑物，提供完好的公共消防安全疏散设施和其他建筑消防设施；主办单位和承办单位应确定消防安全管理人，组织实施大型活动的各项消防安全管理工作，如落实消防安全责任制，保障疏散通道、安全出口、消防车通道畅通，制定灭火和应急疏散预案并组织消防演练等。

【链接阅读】

根据《机关、团体、企业、事业单位消防安全管理规定》，举办集会、焰火晚会、灯会等具有火灾危险的大型活动，主办或者承办单位需要在具备下列消防安全条件后，向公安机关申报治安许可：

1）室内活动使用的建筑物（场所）依法通过消防验收或者进行消防竣工验收备案，公众聚集场所通过使用、营业前的消防安全检查。

2）临时搭建的建筑物符合消防安全要求。

3）制定灭火和应急疏散预案并组织演练。

4）明确消防安全责任分工并确定消防安全管理人员。

5）活动现场消防设施、器材配备齐全并完好有效。

6）活动现场的疏散通道、安全出口和消防车通道畅通。

7）活动现场的疏散指示标志和应急照明符合消防技术标准并完好有效。

（六）建筑工程施工现场的消防安全责任

建筑工程施工现场的消防安全由施工单位负责。实行施工总承包的，由总承包单位负责。分包单位向总承包单位负责，服从总承包单位对施工现场的消防安全管理。

对建筑物进行局部改建、扩建和装修的工程，建设单位与施工单位对施工现场的消防安全责任应在订立的合同中予以明确。

三、单位的消防安全制度

（一）防火检查、巡查制度

1. 单位的防火检查制度

防火检查是单位对自身消防安全状况进行全面了解的一种方式，也是单位消防安全管理的重要内容。

（1）防火检查的频次要求　机关、团体、事业单位至少每季度进行一次防火检查，其他单位至少每月进行一次防火检查。对防火检查的情况要填写检查记录，检查人员和被检查部门负责人要在检查记录上签名。

（2）防火检查的内容　单位进行防火检查的内容包括：①火灾隐患的整改情况以及防范措施的落实情况；②安全疏散通道、疏散指示标志、应急照明和安全出口情况；③消防车通道、消防水源情况；④灭火器材配置及有效情况；⑤用火、用电有无违章情况；⑥消防安全重点部位的管理情况；⑦消防（控制室）值班情况和设施运行、记录情况；⑧防火巡查情况；⑨消防安全标志的设置情况和完好、有效情况；⑩员工消防知识的掌握情况；⑪防火防爆措施落实情况以及其他重要物资防火安全情况；⑫其他需要检查的内容。

2. 单位的防火巡查制度

（1）防火巡查的要求　消防安全重点单位需要每日进行防火巡查，并确定巡查的人员、内容、部位和频次。其中，公众聚集场所在营业期间至少每两小时进行一次防火巡查，营业结束时还要对营业现场进行检查，消除遗留火种；医院、养老院、寄宿制的学校、托儿所、幼儿园应加强夜间防火巡查；其他消防安全重点单位可以结合实际组织夜间防火巡查。非消防安全重点单位可以根据需要组织防火巡查。

（2）防火巡查的内容　单位实施防火巡查的内容主要包括：①用火、用电有无违章情况；②安全出口、疏散通道是否畅通，安全疏散指示标志、应急照明是否完好；③消防设施、器材和消防安全标志是否在位、完整；④常闭式防火门是否处于关闭状态；⑤防火卷帘下是否堆放物品影响使用；⑥消防安全重点部位的人员在岗情况；⑦其他消防安全情况。

（二）火灾隐患整改制度

单位对自身存在的火灾隐患应根据其具体情况及时作出相应的处理。

1. 当场改正火灾隐患

单位对于下列火灾隐患应当责成有关人员当场改正并督促落实：①违章进入生产、储存易燃易爆危险品场所的；②违章使用明火作业或者在具有火灾、爆炸危险的场所吸烟、使用明火等违反禁令的；③将安全出口上锁、遮挡，或者占用、堆放物品影响疏散通道畅通的；④消火栓、灭火器材被遮挡影响使用或者被挪作他用的；⑤常闭式防火门处于开启状态，防火卷帘下堆放物品影响使用的；⑥消防设施管理、值班人员和防火巡查人员脱岗的；⑦违章关闭消防设施、切断消防电源的；⑧其他可以当场改正的行为。

2. 对不能当场改正的火灾隐患的处置

对不能当场改正的火灾隐患，由单位消防工作归口管理职能部门或者专兼职消防管理人员根据本单位的管理分工，及时将存在的火灾隐患向消防安全管理人或者消防安全责任人报告，由消防安全管理人或者消防安全责任人确定整改的措施、期限以及负责整改的部门、人员，并落实整改资金。

单位应当对不能确保消防安全，随时可能引发火灾或者一旦发生火灾将严重危及人身安全的危险部位停产停业整改。此外，对于涉及城市规划布局而不能自身解决的重大火灾隐患以及单位确无能力解决的重大火灾隐患，由单位提出解决方案报上级主管部门或者当地人民政府。

（三）消防安全宣传教育与培训制度

消防安全宣传教育与培训是单位一项基础性的消防安全工作，对于提高单位消防安全水平至关重要。

1. 消防安全宣传教育与培训的频次要求

单位要通过多种形式开展经常性的消防安全宣传教育，对新上岗和进入新岗位的员工进行上岗前的消防安全培训。其中，消防安全重点单位至少每年对每名员工进行一次消防安全培训，公众聚集场所至少每半年对员工进行一次消防安全培训。

2. 消防安全宣传教育与培训的内容

单位进行消防安全宣传教育与培训的内容主要包括：①有关消防法规、消防安全制度和保障消防安全的操作规程；②本单位、本岗位的火灾危险性和防火措施；③有关消防设施的性能、灭火器材的使用方法；④报火警、扑救初起火灾以及自救逃生的知识和技能。

对人员密集场所来说，组织、引导在场群众疏散的知识和技能应当作为消防安全培训内容之一。

【链接阅读】

由于人员密集场所的大多数人员对场所的疏散通道、安全出口等情况不熟悉，在火灾时极易由于惊慌造成混乱，因而现场工作人员必须提供及时而准确的疏散引导，避免造成人员的重大伤亡。《消防法》第44条规定：“人员密集场所发生火灾，该场所的现场工作人员应当立即组织、引导在场人员疏散。”因此，对于人员密集场所的工作人员来说，发生火灾时及时疏散现场人员是一项法定义务。

3. 需要经过消防安全专门培训的人员

为了保证特殊岗位人员的基本消防安全素质，《机关、团体、企业、事业单位消防安全管理规定》要求下列人员应当接受消防安全专门培训：①单位的消防安全责任人、消防安全管理人；②专、兼职消防管理人员；③消防控制室的值班、操作人员；④其他依照规定应当接受消防安全专门培训的人员。

（四）灭火、应急疏散预案的制定与演练制度

根据《机关、团体、企业、事业单位消防安全管理规定》，消防安全重点单位应当制定灭火和应急疏散预案，并定期组织演练。

1. 灭火和应急疏散预案的内容

消防安全重点单位制定的灭火和应急疏散预案应当包括下列内容：①组织机构，包括灭火行动组、通信联络组、疏散引导组、安全防护救护组；②报警和接警处置程序；③应急疏散的组织程序和措施；④扑救初起火灾的程序和措施；⑤通信联络、安全防护、救护的程序和措施。

2. 灭火和应急疏散预案演练的基本要求

1）消防安全重点单位至少每半年按照灭火和应急疏散预案进行一次演练，并结合实际，不断完善预案；其他单位至少每年组织一次演练。

2）单位在进行消防演练时，要设置明显标志并事先告知演练范围内的人员。

第二节　公共娱乐场所消防安全管理规定

《公共娱乐场所消防安全管理规定》于 1999 年 5 月 25 日由公安部第 39 号令发布并施行。该规定共 23 条，主要对公共娱乐场所的范围、公共娱乐场所的消防安全许可、消防安全要求等作出了规定，旨在加强和规范公共娱乐场所的消防安全管理，预防火灾，保障公共安全。

一、《公共娱乐场所消防安全管理规定》的适用范围

《公共娱乐场所消防安全管理规定》适用于所有公共娱乐场所的消防安全管理活动。这里的公共娱乐场所，是指向公众开放的下列场所：①影剧院、录像厅、礼堂等演出、放映场所；②舞厅、卡拉 OK 厅等歌舞娱乐场所；③具有娱乐功能的夜总会、音乐茶座和餐饮场所；④游艺、游乐场所；⑤保龄球馆、旱冰场、桑拿浴室等营业性健身、休闲场所。

二、公共娱乐场所的消防安全许可

（一）建设工程消防安全许可

根据《消防法》《建设工程消防监督管理规定》的规定，建筑总面积大于 $500m^2$ 的公共娱乐场所，新建、扩建、改建或者变更内部装修时，建设或者经营单位应当依法将消防设计图报送当地公安机关消防机构审核，经审核合格方可施工；工程竣工后，须经公安机关消防机构进行竣工消防验收。建筑总面积小于 $500m^2$ 的公共娱乐场所按照规定进行消防备案。

（二）使用、营业前的消防安全许可

根据《消防法》《消防监督检查规定》的规定，公共娱乐场所在使用或者营业前，必须具备消防安全条件，依法向当地公安机关消防机构申报消防安全检查，经消防安全检查合格方可投入使用或者营业。

三、公共娱乐场所的消防安全要求

（一）公共娱乐场所所在建筑的耐火等级要求

公共娱乐场所所在建筑的耐火等级一般要求不低于二级，如果其设置在三级耐火等级的建筑物内，则应当符合特定的防火安全要求。

【链接阅读】

耐火等级，是衡量建筑物耐火程度的分级标准，规定建筑物的耐火等级是《建筑设计防火规范》规定的防火技术措施中的最基本措施之一。建筑物的耐火等级是由建筑构件（梁、柱、楼板、墙等）的燃烧性能和耐火极限决定的。按照我国国家标准《建筑设计防火规范》，建筑物的耐火等级分为四级，一般说来：一级耐火等级建筑是钢筋混凝土结构或砖墙与钢筋混凝土结构组成的混合结构；二级耐火等级建筑是钢结构屋架、钢筋混凝土柱或砖墙组成的混合结构；三级耐火等级建筑是木屋顶和砖墙组成的砖木结构；四级耐火等级建筑是木屋顶、难燃烧体墙壁组成的可燃结构。

（二）公共娱乐场所的设置要求

公共娱乐场所通常要求设置在建筑的地上 1 ~ 3 层。如果设置在地下，则只允许设在地下一层，并且保证通往地面的安全出口数不少于 2 个，安全出口、楼梯及走道宽度符合相关防火规范要求，同时，还需设置机械防烟排烟设施、火灾自动报警系统和自动喷水灭火系统，并严禁使用液化石油气。

公共娱乐场所禁止设置在文物古建筑、博物馆、图书馆等建筑内，也不能与重要仓库或者危险品仓库毗连，如果与其他建筑毗连或者附设在其他建筑物内，则要按照独立的防火分区进行设置。禁止在居民住宅楼内改建公共娱乐场所。

【链接阅读】

1994 年 11 月 15 日凌晨，吉林省吉林市银都夜总会（该夜总会是吉林市建设集团公司与香港悦丰投资有限公司于 1992 年 9 月合资，租用市博物馆中央电影放映厅装修改造而成的。博物馆总面积 14600m^2，其中夜总会的建筑面积为 1860m^2）发生火灾。火灾烧毁建筑 6800m^2（其中夜总会 1860m^2 全部烧毁）；黑龙江博物馆在吉林市巡展的一具 7000 万年前的恐龙化石在大火中化为灰烬；32000 多件文物、石器、陶器、服饰、书画以及 40 多年的音像、图片、文字资料档案全部烧毁；19 世纪末 20 世纪初国内外珍贵邮票 11000 余枚，1909 年以来的科技文献及中外文刊物 9.7 万册全部烧毁。这起火灾是新中国成立后文物损失极为惨重的一起特大火灾，有些珍贵文物被烧毁是无法用经济损失来计算的，惨痛的教训值得吸取。

（三）公共娱乐场所的疏散要求

根据《公共娱乐场所消防安全管理规定》，公共娱乐场所的疏散须满足下列要求：

1）安全出口的数量、宽度和距离需符合国家有关建筑设计防火规范。

2）安全出口处不能设置门槛和台阶。

3）疏散门向外开启，不能采用卷帘门、转门、吊门和侧拉门，且门口不得设置门帘、屏风等影响疏散的遮挡物。

4）公共娱乐场所的疏散门顶部应配置火灾事故应急照明灯，照明供电时间不少于 20 分钟；疏散通道和转角处距地面 1m 以下的墙面上应设置疏散指示标志，走道上的标志间距不大于 20m。

5）在营业时禁止将安全出口上锁、阻塞，确保安全出口和疏散通道畅通无阻。

6）在卡拉 OK 厅及其包房内，设置声音或者视像警报，保证在火灾发生初期，将各卡拉 OK 房间的画面、音响消除，播送火灾警报，引导人们安全疏散。

（四）公共娱乐场所的消防设施要求

公共娱乐场所应按照《建筑灭火器配置设计规范》配置灭火器材，设置报警电话，通过日常的维护保养，保证消防设施、设备完好有效。

（五）公共娱乐场所营业期间的防火管理要求

公共娱乐场所营业期间应采取措施加强防火管理，具体要求包括：①营业时不得超过额定人数；②严禁带入或存放易燃易爆危险品；③严禁在营业时进行设备检修、油漆粉刷等施工、维修作业；④严禁在营业期间动火施工；⑤在演出、放映场所的观众厅内禁止吸烟和明火照明；⑥在营业时间和营业结束后，指定专人进行安全巡视检查。

第三节　社会消防安全教育培训规定

《社会消防安全教育培训规定》于 2009 年 5 月 22 日由公安部、教育部、民政部、人力资源和社会保障部、住房和城乡建设部、文化部、原国家广播电影电视总局（现为国家新闻出版广播电影电视总局）、国家安全生产监督管理总局、国家旅游局联合发布，自 2009 年 6 月 1 日起施行。该规定共 6 章 37 条，主要对社会消防安全教育与培训的内容、要求、培训机构的条件等作了规定，旨在加强社会消防安全教育培训工作，提高公民消防安全素质，有效预防火灾，减少火灾危害。

一、《社会消防安全教育培训规定》的适用范围

《社会消防安全教育培训规定》适用于机关、团体、企业、事业等单位，社区居民委员会，村民委员会开展消防安全教育培训工作。

二、消防安全教育培训的内容

消防安全教育培训的内容主要包括：①国家消防工作方针、政策；②消防法律法规；③火灾预防知识；④火灾扑救、人员疏散逃生和自救互救知识；⑤其他应当教育培训的内容。

三、消防安全教育培训的要求

《社会消防安全教育培训规定》对各类单位、学校和社区居民委员会、村民委员会开展消防安全教育培训的内容、方式等作出了明确要求，具体规定如下：

（一）单位消防安全教育培训的要求

1）建立健全消防安全教育培训制度。

2）明确机构和人员。

3）保障教育培训工作经费。

4）定期开展形式多样的消防安全宣传教育。

5）对新上岗和进入新岗位的职工进行上岗前的消防安全培训，对在岗的职工每年至少

进行1次消防安全培训。

6）教育培训的重点为本单位的火灾危险性、防火灭火措施、消防设施及灭火器材的操作使用方法、人员疏散逃生知识等。

（二）学校消防安全教育培训的要求

1）将消防安全知识纳入教学内容。

2）每学年至少组织学生开展1次应急疏散演练。

3）对寄宿学生开展经常性的安全用火用电教育和应急疏散演练。

4）结合不同学生群体采取有效方式开展消防教育培训内容，如针对小学生重点开展火灾危险及危害性、消防安全标志、日常生活防火、火灾报警、火灾现场自救逃生等常识方面的教育内容。

（三）社区居民委员会、村民委员会消防安全教育培训的要求

1）确定至少1名专（兼）职消防安全员，具体负责消防安全宣传教育工作。

2）组织制定防火安全公约。

3）对居民、村民开展经常性的消防安全宣传教育。

4）组织志愿消防队、治安联防队和灾害信息员、保安人员等开展消防安全宣传教育。

5）定时播放消防安全常识，在火灾多发季节、农业收获季节、重大节日和乡村民俗活动期间，有针对性地开展消防安全宣传教育。

（四）施工单位消防安全教育培训的要求

1）在施工前对施工人员进行消防安全教育。

2）在建设工地醒目位置、施工人员集中住宿场所设置消防安全宣传栏，悬挂消防安全挂图和消防安全警示标志。

3）对明火作业人员进行经常性的消防安全教育。

4）组织灭火和应急疏散演练。

（五）公共场所消防安全教育培训的要求

对歌舞厅、影剧院、宾馆、饭店、商场、集贸市场、体育场馆、会堂、医院、客运车站、客运码头、民用机场、公共图书馆和公共展览馆等公共场所开展消防安全宣传教育的要求包括：

1）在安全出口、疏散通道和消防设施等处的醒目位置设置消防安全标志等。

2）根据需要编印公共场所消防安全宣传资料供公众取阅。

3）利用单位广播、视频设备播放消防安全知识。

（六）其他单位消防安全教育培训的要求

物业服务企业，负责两个以上单位管理或者使用的同一建筑物公共消防安全管理的单位，养老院、福利院、救助站等单位，旅游景区、城市公园绿地的经营管理单位，大型群众性活动主办单位，新闻、广播、电视等单位，在各自的职责范围内采取适当形式开展消防安全宣传教育，履行其消防安全教育培训的法定职责。

四、消防安全教育培训机构

（一）消防安全教育培训机构的成立条件

消防安全教育培训机构，是指从事或承担消防安全教育与培训的机构。成立消防安全教育培训机构须具备以下条件：

1）具有法人条件，有规范的名称和必要的组织机构。

2）注册资金或者开办费100万元以上。

3）有健全的组织章程和培训、考试制度。

4）具有与培训规模和培训专业相适应的专（兼）职教员队伍。其中专职教员应当不少于教员总数的1/2；具有建筑、消防等相关专业中级以上职称，并有5年以上消防相关工作经历的教员不少于10人；消防安全管理、自动消防设施、灭火救援等专业课程分别配备理论教员和实习操作教员不少于2人。

5）有同时培训200人以上规模的固定教学场所、训练场地，具有满足技能培训需要的消防设施、设备和器材。

（二）消防安全教育培训机构的批准部门和批准程序

根据规定，省级教育行政部门或者人力资源和社会保障部门是消防安全教育培训机构的批准部门。批准程序如下：

1）批准部门受理成立消防安全教育培训机构的申请后，可以征求同级公安机关消防机构的意见。

2）省级公安机关消防机构收到批准部门移送的申请材料后，配合对申请成立消防安全培训专业机构的师资条件、场地和设施、设备、器材等进行核查，并出具书面意见。

3）批准部门根据有关民办职业培训机构的规定，综合公安机关消防机构出具的书面意见进行评定。

4）批准部门对经评定符合条件的予以批准，并向社会公告。

（三）消防安全教育培训机构的从业要求

1）按照有关规定，开展消防安全专业培训，保证培训质量。

2）将消防安全管理、建筑防火和自动消防设施施工、操作、检测、维护技能作为培训的重点。

3）为理论和技能操作考核合格的人员颁发培训证书。

4）收费标准执行国家有关规定，并向社会公布。

（四）消防安全教育培训机构的监管部门及其职责

按照“谁批准，谁监管”的原则，批准消防安全教育培训机构成立的部门，即省级教育行政部门或者人力资源和社会保障部门依法对消防安全专业培训机构进行管理，监督、指导消防安全专业培训机构依法开展活动。同时，还要定期对其进行质量评估，并将监督评估情况向社会公布。进行质量评估时，可以邀请公安机关消防机构专业人员参加。

第四节　建设工程消防监督管理规定

《建设工程消防监督管理规定》于2012年7月17日由公安部第119号令发布，自2012年11月1日起施行。该规定共7章49条，主要对建设工程消防质量责任主体及其职责、消防设计审核、消防验收等作了规定，旨在加强和规范建设工程消防监督管理工作。

一、《建设工程消防监督管理规定》的适用范围

《建设工程消防监督管理规定》适用于新建、扩建、改建（含室内外装修、建筑保温、用途变更）等建设工程的消防监督管理。不适用于住宅室内装修、村民自建住宅、救灾和其他非人员密集场所的临时性建筑活动。

二、建设工程消防质量责任主体及其责任

（一）建设单位的责任

建设单位作为工程项目建设过程中的总负责方，全面负责建设工程的消防设计、施工质量和安全。具体责任内容包括：

1）依法申请建设工程消防设计审核、消防验收，依法办理消防设计和竣工验收消防备案手续并接受抽查；建设工程内设置的公众聚集场所未经消防安全检查或者经检查不符合消防安全要求的，不得投入使用、营业。

2）实行工程监理的建设工程，将消防施工质量一并委托监理。

3）选用具有国家规定资质等级的消防设计、施工单位。

4）选用合格的消防产品和满足防火性能要求的建筑构件、建筑材料及装修材料。

5）依法应当经消防设计审核、消防验收的建设工程，未经审核或者审核不合格的，不得组织施工；未经验收或者验收不合格的，不得交付使用。

（二）设计单位的责任

设计单位对建设工程的消防设计质量负责，具体责任内容包括：

1）根据消防法规和国家工程建设消防技术标准进行消防设计，提交符合国家工程建设消防技术标准的消防设计文件。

2）对设计中选用的消防产品和具有防火性能要求的建筑构件、建筑材料、装修材料，注明规格、性能等技术指标，其质量要求必须符合国家标准或者行业标准。

3）参加建设单位组织的建设工程竣工验收，对建设工程消防设计实施情况签字确认。

（三）施工单位的责任

施工单位对建设工程的消防施工质量和安全负责，具体责任内容包括：

1）按照国家工程建设消防技术标准和经消防设计审核合格或者备案的消防设计文件组织施工，不得擅自改变消防设计进行施工、降低消防施工质量。

2）查验消防产品和具有防火性能要求的建筑构件、建筑材料及装修材料的质量，使用合格产品，保证消防施工质量。

3）建立施工现场消防安全责任制度，确定消防安全负责人。

（四）工程监理单位的责任

工程监理单位代表建设单位对施工单位实施监理，对建设工程的消防施工质量承担监理责任。具体责任内容包括：

1）严格依照消防法律、法规、国家工程建设消防技术标准、消防设计文件和建设工程承包合同实施工程监理，不得同意使用或者安装不合格的消防产品和建筑材料。

2）在消防产品和具有防火性能要求的建筑构件、建筑材料、装修材料施工、安装前，核查产品质量证明文件，不得同意使用或者安装不合格的消防产品和防火性能不符合要求的

建筑构件、建筑材料、装修材料。

3）参加建设单位组织的建设工程竣工验收，对建设工程消防施工质量签字确认。

（五）消防技术服务机构和人员的责任

消防技术服务机构和人员，是指为建设工程消防设计、竣工验收提供图样审查、安全评估、检测等技术服务的组织和人员。他们对建设工程消防质量承担的具体责任包括：

1）依法取得相应的资质、资格。

2）依法提供消防技术服务。

3）对出具的审查、评估、检验、检测意见负责。

三、建设工程消防设计审核、消防验收与备案抽查

（一）消防设计审核和消防验收的工程范围

根据《消防法》和《建设工程消防监督管理规定》，需要进行消防设计审核和消防验收的工程有两类：①大型人员密集场所；②特殊建设工程。

1. 大型人员密集场所的范围

大型人员密集场所，是指达到一定规模的人员密集场所，该类场所的范围包括：

1）建筑总面积大于20000m^2的体育场馆、会堂，公共展览馆、博物馆的展示厅。

2）建筑总面积大于15000m^2的民用机场航站楼、客运车站候车室、客运码头候船厅。

3）建筑总面积大于10000m^2的宾馆、饭店、商场、市场。

4）建筑总面积大于2500m^2的影剧院，公共图书馆的阅览室，营业性室内健身、休闲场馆，医院的门诊楼，大学的教学楼、图书馆、食堂，劳动密集型企业的生产加工车间，寺庙、教堂。

5）建筑总面积大于1000m^2的托儿所、幼儿园的儿童用房，儿童游乐厅等室内儿童活动场所，养老院、福利院，医院、疗养院的病房楼，中小学校的教学楼、图书馆、食堂，学校的集体宿舍，劳动密集型企业的员工集体宿舍。

6）建筑总面积大于500m^2的歌舞厅、录像厅、放映厅、卡拉OK厅、夜总会、游艺厅、桑拿浴室、网吧、酒吧，具有娱乐功能的餐馆、茶馆、咖啡厅。

2. 特殊建设工程的范围

特殊建设工程，主要是指结构设施复杂、使用性质重要、火灾危险性大、火灾扑救难度大、发生火灾后可能严重危害公共安全、损害公共利益或造成重大损失的建设工程。其范围如下：

1）设有前述大型人员密集场所的建设工程。

2）国家机关办公楼、电力调度楼、电信楼、邮政楼、防灾指挥调度楼、广播电视楼、档案楼。

3）单体建筑面积大于40000m^2或者建筑高度超过50m的公共建筑。

4）国家标准规定的一类高层住宅建筑。

5）城市轨道交通、隧道工程，大型发电、变配电工程。

6）生产、储存、装卸易燃易爆危险品的工厂、仓库和专用车站、码头，易燃易爆气体和液体的充装站、供应站、调压站。

（二）建设工程消防设计审核

建设工程消防设计审核，是指公安机关消防机构通过对建设单位提交的建设工程相关材料进行审查，依法对建设工程的消防设计作出合格或者不合格决定并出具书面审核意见。

根据《建设工程消防监督管理规定》，公安机关消防机构对于受理的建设工程，应当自受理之日起20日内出具书面审核意见，需要组织专家评审的，专家评审时间不计算在审核时间内。书面审核意见分为合格或不合格两类意见。其中，出具消防设计审核不合格意见的，应说明理由。

需要组织专家评审的建设工程范围包括：①国家工程建设消防技术标准没有规定的；②消防设计文件拟采用的新技术、新工艺、新材料可能影响建设工程消防安全，不符合国家标准规定的；③拟采用国际标准或者境外消防技术标准的。

（三）建设工程消防验收

建设工程消防验收，是指公安机关消防机构对受理的建设工程消防验收申请，在规定时间内组织消防验收并依法对验收情况作出合格或者不合格的评定并出具书面验收意见。

根据《建设工程消防监督管理规定》，公安机关消防机构对于受理的消防验收申请，应当自受理之日起20日内组织消防验收，并出具消防验收意见。消防验收意见分为合格和不合格两种，需要根据消防验收综合评定结论而定。其中，出具消防验收不合格意见的，需要说明理由。综合评定的具体要求参见第六章第四节。

（四）建设工程消防设计和竣工验收的备案抽查

根据《建设工程消防监督管理规定》，依法不需要进行消防设计审核和消防验收的建设工程，纳入消防备案抽查。消防备案抽查包括工程消防设计备案抽查和工程竣工验收备案抽查。

工程消防设计备案抽查，是指对于不属于依法应当进行消防设计审核的建设工程，由建设单位在依法取得施工许可之日起7个工作日内，将消防设计文件向公安机关消防机构备案，公安机关消防机构从中抽取一部分消防设计进行审查。其中，对消防设计审查不合格的建设工程，公安机关消防机构有权责令其停止施工。

工程竣工验收备案抽查，是指对于不属于依法应当进行工程竣工消防验收的建设工程，由建设单位在自行组织竣工验收后报公安机关消防机构备案，公安机关消防机构从中抽取一部分工程依法进行消防检查。其中，对于检查不合格的建设工程，公安机关消防机构有权责令其停止使用。

四、建设工程消防监督管理工作要求

（一）回避

公安机关消防机构办理消防设计审核、消防验收、备案抽查时，与申请人、利害关系人是近亲属或其他关系，可能影响办案公正的消防机构工作人员应当回避。

（二）公开

公安机关消防机构对建设工程消防监督管理的依据、范围、条件、程序、期限及其需要提交的全部材料的目录和申请书示范文本应当在互联网网站、受理场所、办公场所公示。

消防设计审核、消防验收、备案抽查的结果，除涉及国家秘密、商业秘密和个人隐私的以外，要予以公开，供公众查阅。

（三）禁止

公安机关消防机构及其工作人员实施建设工程消防监督管理时禁止有下列行为：①对消防技术服务机构、消防产品设定法律法规规定以外的地区性准入条件；②指定或者变相指定建设工程的消防设计、施工、工程监理单位和消防技术服务机构；③指定消防产品和建筑材料的品牌、销售单位；④参与或者干预建设工程消防设施施工、消防产品和建筑材料采购的招投标活动；⑤实施消防设计审核、消防验收和备案、抽查时，收取任何费用。

五、建设工程消防监督管理中的相关法律责任

原则上，对违反《建设工程消防监督管理规定》的行为依照《消防法》的相关规定给予行政处罚；构成犯罪的，依法追究刑事责任。同时，《建设工程消防监督管理规定》也对违反建设工程消防监督管理的法律责任作了如下特别规定：

（一）建设单位提供虚假材料的法律责任

建设单位在申请消防设计审核、消防验收时，提供虚假材料的，公安机关消防机构可以不予受理或者不予许可并对其进行警告处罚。

（二）建设工程消防安全质量责任主体违法的法律责任

1）建设、设计、施工、工程监理单位，消防技术服务机构及其从业人员违反有关消防法规、国家工程建设消防技术标准，造成危害后果的，除依法给予行政处罚或者追究刑事责任外，还要依法承担民事赔偿责任。

2）对下列行为依法从重处罚：①已经通过消防设计审核，擅自改变消防设计，降低消防安全标准的；②建设工程未依法进行备案，且不符合国家工程建设消防技术标准强制性要求的；③经责令限期备案逾期不备案的；④工程监理单位与建设单位或者施工单位串通，弄虚作假，降低消防施工质量的。

（三）公安机关消防机构的工作人员违法的法律责任

公安机关消防机构的工作人员玩忽职守、滥用职权、徇私舞弊，构成犯罪的，依法追究刑事责任。有下列行为之一，尚未构成犯罪的，依照有关规定给予处分：

1）对不符合法定条件的建设工程出具消防设计审核合格意见、消防验收合格意见或者通过消防设计、竣工验收消防备案抽查的。

2）对符合法定条件的建设工程消防设计、消防验收的申请或者消防设计、竣工验收的备案、抽查，不予受理、审核、验收或者拖延办理的。

3）指定或者变相指定设计单位、施工单位、工程监理单位的。

4）指定或者变相指定消防产品品牌、销售单位或者技术服务机构、消防设施施工单位的。

5）利用职务接受有关单位或者个人财物的。

第五节　消防监督检查规定

《消防监督检查规定》于2012年7月17日由公安部第120号令发布，自2012年11月1日起施行。该规定共6章42条，主要对消防监督检查的形式、内容和程序等作了规定，旨在加强和规范公安机关消防机构和公安派出所的消防监督检查工作，督促机关、团体、企业、事业等单位履行消防安全职责。

一、《消防监督检查规定》的适用范围

《消防监督检查规定》适用于公安机关消防机构和公安派出所依法对单位遵守法律、法规情况进行消防监督检查。

【链接阅读】

消防监督检查，有狭义和广义之分。广义的消防监督检查，是指消防监督检查主体依法对公民、法人或者其他组织是否遵守消防法律、法规情况所进行的检查、了解，并督促其履行义务的执法行为。实施消防监督检查的主体包括公安机关、公安机关消防机构、公安派出所、法律法规规定的其他消防行政主体。而狭义的消防监督检查，则是指公安机关消防机构、公安派出所依法对单位遵守消防法律、法规情况进行的监督检查行为。《消防监督检查规定》中所述的消防监督检查为狭义的消防监督检查。

二、消防监督检查的形式和内容

（一）消防监督检查的形式

消防监督检查的形式，是指公安机关消防机构实施消防监督检查的各种方式。目前公安机关消防机构对单位进行消防监督检查的形式有以下五种：

1）对公众聚集场所在投入使用、营业前的消防安全检查。

2）对单位履行法定消防安全职责情况的监督抽查。

3）对举报投诉的消防安全违法行为的核查。

4）对大型群众性活动举办前的消防安全检查。

5）根据需要进行的其他消防监督检查。

（二）消防监督检查的内容

1. 对公众聚集场所投入使用、营业前进行消防安全检查的内容

对公众聚集场所投入使用、营业前进行消防安全检查，主要检查下列内容：

1）建筑物或者场所是否依法通过消防验收合格或者进行竣工验收消防备案抽查合格，如建筑物或者场所是否依法取得消防验收合格意见书、竣工验收消防备案凭证等；依法进行竣工验收消防备案但没有进行备案抽查的建筑物或者场所是否符合消防技术标准。

2）消防安全制度、灭火和应急疏散预案是否制定，如单位是否有用火、用电、防火检查等安全管理制度，是否结合自身实际制定了应对火灾和突发事件的疏散方案。

3）自动消防系统操作人员是否持证上岗，员工是否经过岗前消防安全培训。

4）消防设施、器材是否符合消防技术标准并完好有效。

5）疏散通道、安全出口和消防车通道是否畅通。

6）室内装修材料是否符合消防技术标准，如室内装修材料是否是不燃或者难燃材料。

7）外墙门窗上是否设置影响逃生和灭火救援的障碍物，如窗外是否安装铁栅栏、大型广告牌等影响逃生和灭火救援的障碍物。

2. 对单位履行法定消防安全职责情况的监督抽查内容

对单位履行法定消防安全职责情况进行监督抽查时，检查的内容通常包括以下几方面：

1）建筑物或场所是否依法通过消防验收或者进行竣工验收消防备案，公众聚集场所是否通过投入使用、营业前的消防安全检查。

2）建筑物或场所的使用情况是否与消防验收或者进行竣工验收消防备案时确定的使用性质相符。

3）消防安全制度、灭火和应急疏散预案是否已制定。

4）消防设施、器材和消防安全标志是否定期组织维修保养，是否完好有效。

5）电气线路、燃气管路是否定期维护保养、检测。

6）疏散通道、安全出口、消防车通道是否畅通，防火分区是否改变，防火间距是否被占用。

7）是否组织防火检查、消防演练和员工消防安全教育培训，自动消防系统操作人员是否持证上岗。

8）生产、储存、经营易燃易爆危险品的场所是否与居住场所设置在同一建筑物内。

9）生产、储存、经营其他物品的场所与居住场所设置在同一建筑物内的，是否符合消防技术标准。

10）其他依法需要检查的内容。其他依法需要检查的内容，是指对单位进行消防监督抽查时，除检查上述所列内容外，还应当根据单位的实际情况，根据法律法规的规定，检查其是否有不符合要求的现象。

对消防安全重点单位履行法定消防安全职责情况的监督抽查，除检查上述十项内容外，还要检查下列内容：

1）是否确定消防安全管理人。

2）是否开展每日防火巡查并建立巡查记录。

3）是否定期组织消防安全培训和消防演练。

4）是否建立消防档案，确定消防安全重点部位。

如果该消防安全重点单位属于人员密集场所，则还要检查单位灭火和应急疏散预案中承担灭火和组织疏散任务的人员是否确定。

3. 大型群众性活动举办前消防安全检查的内容

在大型群众性活动举办前，对活动现场进行消防安全检查的内容包括：

1）室内活动使用的建筑物（场所）是否依法通过消防验收或者进行竣工验收消防备案，公众聚集场所是否通过使用、营业前的消防安全检查。

2）临时搭建的建筑物是否符合消防安全要求。

3）是否制定灭火和应急疏散预案并组织演练。

4）是否明确消防安全责任分工并确定消防安全管理人员。

5）活动现场消防设施、器材是否配备齐全并完好有效。

6）活动现场的疏散通道、安全出口和消防车通道是否畅通。

7）活动现场的疏散指示标志和应急照明是否符合消防技术标准并完好有效。

4. 对施工现场消防监督检查的内容

对大型的人员密集场所和其他特殊建设工程的施工现场进行消防监督检查，重点是检查施工单位履行下列消防安全职责的情况：

1）是否明确施工现场消防安全管理人员，是否制定施工现场消防安全制度、灭火和应急疏散预案。

2）在建工程内是否设置人员住宿、可燃材料及易燃易爆危险品储存等场所。

3）是否设置临时消防给水系统、临时消防应急照明，是否配备消防器材，并确保完好有效。

4）是否设有消防车通道并畅通。

5）是否组织员工消防安全教育培训和消防演练。

6）施工现场人员宿舍、办公用房的建筑构件燃烧性能、安全疏散是否符合消防技术标准。

三、消防监督检查的程序

消防监督检查的程序，是指公安机关消防机构进行消防监督检查所遵循的方式、步骤、时限和顺序的总和。《消防监督检查规定》对此作出了明确规定。

（一）一般规定

公安机关消防机构进行消防监督检查时，检查人员不能少于2人，并应出示执法身份证件。检查结束后，还要填写消防监督检查记录，如实记录检查情况。

（二）消防安全检查程序

消防安全检查程序适用于公安机关消防机构对公众聚集场所投入使用、营业前的消防安全检查和大型群众性活动举办前的消防安全检查。其具体过程如图5-1所示。

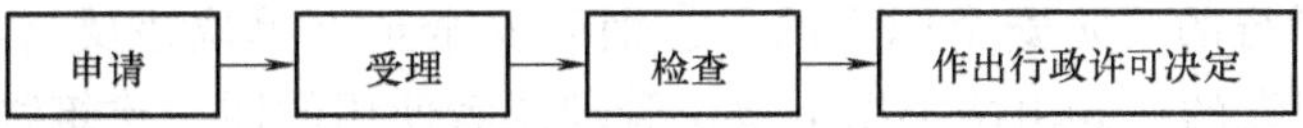

图5-1　消防安全检查程序

1）申请，是指公众聚集场所在投入使用、营业前，在确定具备消防安全条件后向场所所在地的公安机关消防机构申请消防安全检查，并提交相关资料。

2）受理，是指公安机关消防机构对消防安全检查申请按照行政许可有关规定受理。其中，大型群众性活动举办前的消防安全检查，以接到本级公安机关治安部门书面通知作为受理标志。

3）检查，是指公安机关消防机构对于受理的消防安全检查，在规定时限内实施检查。其中，对公众聚集场所投入使用、营业前的消防安全检查，应自受理申请之日起10个工作日内进行检查；对大型群众性活动举办前的消防安全检查，应在接到本级公安机关治安部门书面通知之日起3个工作日内进行检查。

4）决定，是指公安机关消防机构根据消防安全检查结果作出行政许可决定并送达申请人。其中，对于公众聚集场所，应自检查之日起3个工作日内作出同意或者不同意投入使用、营业的决定；对于大型群众性活动举办前的消防安全检查，应在检查结束后将检查记录移交本级公安机关治安部门。

（三）对消防安全违法行为的处理程序

对于在消防监督检查中发现的消防安全违法行为，公安机关消防机构按照下列程序进行处理：

1. 口头责令改正

对于违法行为轻微并当场改正完毕，依法可以不予行政处罚的，公安机关消防机构可以口头责令改正，并在消防监督检查记录上注明。

2. 责令立即改正

（1）责令立即改正的适用情形　应当责令立即改正的消防安全违法行为包括：①消防设施、器材或者消防安全标志的配置、设置不符合国家标准、行业标准，或者未保持完好有效的；②损坏、挪用或者擅自拆除、停用消防设施、器材的；③占用、堵塞、封闭疏散通道、安全出口或者有其他妨碍安全疏散行为的；④埋压、圈占、遮挡消火栓或者占用防火间距的；⑤占用、堵塞、封闭消防车通道，妨碍消防车通行的；⑥人员密集场所在门窗上设置影响逃生和灭火救援的障碍物的；⑦对火灾隐患经公安机关消防机构通知后不及时采取措施消除的；⑧其他应当责令改正的行为。

（2）责令立即改正的实施要求　公安机关消防机构对于发现的依法应当责令立即改正的消防安全违法行为，首先责令当事人改正违法行为，然后当场制作、送达责令立即改正通知书，并依法予以处罚。

3. 责令限期改正

（1）责令限期改正的适用情形　应当责令限期改正的消防安全违法行为包括：①建设单位未依法将消防设计文件报公安机关消防机构备案，或者在竣工后未依法报公安机关消防机构备案的；②电器产品、燃气用具的安装、使用及其线路、管路的设计、敷设、维护保养、检测不符合消防技术标准和管理规定的；③机关、团体、企业、事业等单位违反《消防法》规定的应当履行的消防安全职责的：④消防安全重点单位违反《消防法》规定的应当履行的消防安全职责的；⑤由两个以上单位管理或者使用的同一建筑物，未明确各方消防安全责任，未确定责任人对共用的疏散通道、安全出口、建筑消防设施和消防车通道进行统一管理的；⑥住宅区的物业服务企业未对管理区域内的共用消防设施进行维护管理并提供消防安全防范服务的；⑦电焊、气焊等具有火灾危险作业的人员和自动消防系统的操作人员不遵守消防安全操作规程或无证上岗的；⑧其他应当责令限期改正的行为。

（2）责令限期改正的实施要求　公安机关消防机构对于所发现的依法应当责令限期改正的消防安全违法行为，首先根据改正违法行为的难易程度合理确定改正期限，其次自检查之日起 3 个工作日内制作、送达责令限期改正通知书，再次在责令限期改正期限届满或者收到当事人的复查申请之日起 3 个工作日内进行复查，最后对于逾期不改正的消防安全违法行为，依法予以处罚。

（四）对举报投诉的消防安全违法行为的处理程序

对于举报投诉的消防安全违法行为，公安机关消防机构按照下列要求进行处理：

1）对举报投诉占用、堵塞、封闭疏散通道、安全出口或者其他妨碍安全疏散行为以及擅自停用消防设施的，在接到举报投诉后 24 小时内进行实地核查。

2）对举报投诉上述消防安全违法行为以外的其他消防安全违法行为，首先在接到举报投诉之日起 3 个工作日内进行实地核查，经核查后，对确属消防安全违法行为的依法予以处理。即对属于责令立即改正的，责令当事人改正并依法予以处罚；对属于责令限期改正的，责令当事人限期改正并及时对改正情况进行复查，对于应当予以处罚的依法给予行政处罚。

3）将处理情况及时告知举报投诉人。对于那些无法告知的，在举报投诉受理登记中注明。

【案例】　2010 年 7 月 21 日，北京市海淀区消防支队接到群众张先生电话举报某小区消防车通道被私家车占用，室外消火栓被遮挡。接到举报后，受理窗口立即受理登记，并将举报的消防违法行为进行了任务分配，责成辖区消防监督员 24 小时内核查。监督员通过实地核查，发现群众举报属实，责令小区物业部门立即对违规停放车辆进行清理，并要求物业部门负责人在规定时间到指定地点接受询问。

（五）临时查封程序

临时查封是公安机关消防机构在消防监督检查中根据需要采取的一种强制措施。

1. 临时查封的适用情形

公安机关消防机构在消防监督检查中发现下列情形，不及时消除可能严重威胁公共安全的，应当对危险部位或者场所予以临时查封：

1）疏散通道、安全出口数量不足或者严重堵塞，已不具备安全疏散条件的。

2）建筑消防设施严重损坏，不再具备防火灭火功能的。

3）人员密集场所违反消防安全规定，使用、储存易燃易爆危险品的。

4）公众聚集场所违反消防技术标准，采用易燃、可燃材料装修，可能导致重大人员伤亡的。

5）其他可能严重威胁公共安全的火灾隐患。

2. 临时查封的实施要求

公安机关消防机构通常按照下列要求对危险部位或场所实施临时查封：

（1）决定　公安机关消防机构负责人组织集体研究决定是否实施临时查封，决定临时查封的，研究确定查封危险部位或者场所的范围、期限和实施方法，并自检查之日起3个工作日内制作、送达临时查封决定书。

（2）通知与告知　实施临时查封时，通知当事人到场，当场告知当事人采取临时查封的理由、依据以及当事人依法享有的权利、救济途径，听取当事人的陈述和申辩。当事人不到场的，邀请见证人到场，由见证人和消防监督检查人员在现场笔录上签名或者盖章。

（3）实施　临时查封由公安机关消防机构负责人组织实施。需要公安机关其他部门或者公安派出所配合的，由公安机关消防机构报请所属公安机关组织实施。实施临时查封的，在危险部位或场所及其有关设施、设备上加贴封条或者采取其他措施，使危险部位或场所停止生产、经营或者使用。

实施临时查封后，允许当事人进入被查封的危险部位或者场所整改火灾隐患，但不能在被查封的危险部位或场所进行生产、经营或者使用。

（4）制作临时查封笔录　对实施临时查封情况要求制作现场笔录，必要时，可以进行现场照相或者录音录像。

（5）紧急情况的处理　情况紧急、不当场查封可能严重威胁公共安全的，消防监督检查人员可以在口头报请公安机关消防机构负责人同意后当场对危险部位或者场所实施临时查封，并在临时查封后24小时内由公安机关消防机构负责人组织集体研究作出临时查封的决定，送达当事人。经集体研究认为不应当采取临时查封措施的，应当立即解除。

3. 临时查封的解除

火灾隐患消除后，对于当事人申请解除查封的，公安机关消防机构收到解除查封申请之日起3个工作日内应对查封部位或场所进行检查，并自检查之日起3个工作日内作出是否同意解除临时查封的书面决定，送达当事人。对检查确认火灾隐患已经消除的，作出同意解除临时查封的决定。

（六）强制执行程序

强制执行，是指公安机关消防机构在消防监督检查中发现消防监督检查对象不履行其应当履行的消防安全义务时，依法强制其履行义务或达到与履行义务相同状态的行为。

1. 强制执行的适用情形

强制执行的适用情形包括以下两种：

1）当事人逾期不执行公安机关消防机构作出的停产停业、停止使用、停止施工决定的，公安机关消防机构可以强制执行。

2）公安机关消防机构在检查中发现当事人存在下列违法行为，责令其改正而当事人又拒不改正，公安机关消防机构可以强制执行：①占用、堵塞、封闭疏散通道、安全出口或者有其他妨碍安全疏散行为的；②埋压、圈占、遮挡消火栓或者占用防火间距的；③占用、堵塞、封闭消防车通道，妨碍消防车通行的；④人员密集场所在门窗上设置影响逃生和灭火救援的障碍物的。

2. 强制执行的实施要求

根据《行政强制法》和《消防监督检查规定》的相关规定，公安机关消防机构实施强制执行应当按照下列程序决定和实施：

（1）催告　当事人不执行公安机关消防机构作出的停产停业、停止使用、停止施工决定的，作出决定的公安机关消防机构应自履行期限届满之日起3个工作日内催告当事人履行义务。当事人收到催告书后有权进行陈述和申辩。

（2）决定　经催告，当事人逾期仍不履行义务且无正当理由的，公安机关消防机构负责人组织集体讨论，研究强制执行方案，确定执行的方式和时间，制作行政强制执行决定书，并于3个工作日内送达当事人。

（3）执行　强制执行由作出决定的公安机关消防机构负责人组织实施。需要公安机关其他部门或者公安派出所配合的，由公安机关消防机构报请所属公安机关组织实施；需要其他行政部门配合的，由公安机关消防机构提出意见，由所属公安机关报请本级人民政府组织实施。

第六节　火灾事故调查规定

《火灾事故调查规定》于2012年7月17日由公安部第121号令发布，自2012年11月1日起施行。该规定共6章48条，主要对火灾事故调查的任务、管辖及程序等作了规定，旨在规范火灾事故调查，保障公安机关消防机构依法履行职责，保护火灾当事人的合法权益。

一、《火灾事故调查规定》的适用范围

《火灾事故调查规定》仅适用于公安机关消防机构调查火灾事故。

【链接阅读】

火灾事故调查，是指公安机关消防机构在火灾发生后，通过勘验、询问等调查手段，查明火灾原因，对火灾事故进行处理的过程。公安机关消防机构接到火灾报警，出动警力进行火灾扑救的同时，应派出有关人员迅速展开火灾事故调查工作。火灾现场指挥人员在确保灭火行动的前提下，应保持火灾现场原状，尽可能不移动火灾现场各物品位置。发生火灾的单

位和相关人员，有义务按照公安机关消防机构的要求保护火灾现场，接受事故调查，如实提供与火灾有关的情况。

二、火灾事故调查的任务与原则

（一）火灾事故调查的任务

火灾事故调查的任务包括以下四个方面：

1. 调查火灾原因

调查火灾原因是火灾事故调查的首要任务，火灾事故调查时，不仅要查清起火原因，还要查清灾害成因。

2. 统计火灾损失

统计火灾损失，是指对火灾造成的直接财产损失和人员伤亡数据进行统计。

3. 依法对火灾事故作出处理

依法对火灾事故作出处理，是指根据火灾事故调查所获取的证据，依据相关法律、法规，对火灾事故责任人所应承担的法律责任进行认定并分别作出处理。

【链接阅读】

根据《火灾事故调查规定》第41条的规定，公安机关消防机构在火灾事故调查过程中，应当根据下列情况分别依法对火灾事故作出处理：

1）涉嫌失火罪、消防责任事故罪的，按照《公安机关办理刑事案件程序规定》立案侦查；涉嫌其他犯罪的，及时移送有关主管部门办理。

2）涉嫌消防安全违法行为的，按照《公安机关办理行政案件程序规定》调查处理；涉嫌其他违法行为的，及时移送有关主管部门调查处理。

3）依照有关规定应当给予处分的，移交有关主管部门处理。

对经过调查不属于火灾事故的，公安机关消防机构应当告知当事人处理途径并记录在案。

4. 总结火灾教训

通过火灾事故调查，掌握火灾发生、发展的规律和特点，为预防火灾提供资料。

（二）火灾事故调查的原则

1. 及时性原则

及时性原则，要求火灾事故调查人员在火灾发生后及时开展火灾事故调查工作，以防止由于主客观因素的影响，造成证据的改变或缺失，从而影响火灾原因的查明和火灾事故的处理。

2. 客观性原则

客观性原则，要求火灾事故调查人员在火灾事故调查中按照火灾的本来面目去研究和认识火灾，用科学的方法分析火灾发生、发展的规律，不主观臆断，不先入为主，坚持客观的态度。

3. 公正性原则

公正性原则，要求火灾事故调查人员在进行火灾事故调查时，平等地对待各方火灾事故当事人，排除各种可能造成不平等或偏见的因素。

4. 合法性原则

合法性原则，要求火灾事故调查人员在火灾事故调查过程中严格依法办案。

三、火灾事故调查的管辖

火灾事故调查的管辖，是指根据规定对火灾事故调查工作的分工。

（一）管辖原则

1）县级（含）以上人民政府的公安机关消防机构是负责火灾事故调查的主体，负责所辖区域的火灾事故调查工作。

2）尚未设立公安机关消防机构的，由县级以上人民政府公安机关主管火灾事故调查工作。

3）跨行政区域的火灾，由最先起火地的公安机关消防机构负责调查，相关行政区域的公安机关消防机构予以协助。对管辖权发生争议的，报请共同的上一级公安机关消防机构指定管辖。县级人民政府公安机关负责实施的火灾事故调查管辖权发生争议的，由共同的上一级主管公安机关指定。

4）铁路、港航、民航公安机关和国有林区的森林公安机关消防机构负责调查其消防监督范围内发生的火灾。

5）军事设施发生火灾需要公安机关消防机构协助调查的，由省级人民政府公安机关消防机构或者公安部消防局调派火灾事故调查专家协助。

（二）公安机关消防机构内部火灾事故调查分工规定

1）一次火灾死亡10人以上的，重伤20人以上或者死亡、重伤20人以上的，受灾50户以上的，由省、自治区人民政府公安机关消防机构负责组织调查。

2）一次火灾死亡1人以上的，重伤10人以上的，受灾30户以上的，由设区的市或者相当于同级的人民政府公安机关消防机构负责组织调查。

3）一次火灾重伤10人以下或者受灾30户以下的，由县级人民政府公安机关消防机构负责调查。

4）直辖市人民政府公安机关消防机构负责组织调查一次火灾死亡3人以上，重伤20人以上或者死亡、重伤20人以上，受灾50户以上的火灾事故；直辖市的区、县级人民政府公安机关消防机构负责调查其他火灾事故。

5）仅有财产损失的火灾事故调查，由省级人民政府公安机关结合本地实际作出管辖规定，报公安部备案。

（三）需要公安机关刑侦部门参加调查的火灾事故

公安机关消防机构对具有下列情形之一的火灾事故进行调查时，应立即报告主管公安机关通知具有管辖权的公安机关刑侦部门派员参加现场调查：

1）有人员死亡的火灾。

2）国家机关、广播电台、电视台、学校、医院、养老院、托儿所、幼儿园、文物保护单位、邮政和通信、交通枢纽等部门和单位发生的社会影响大的火灾。

3）具有放火嫌疑的火灾。

四、火灾事故调查的程序

（一）简易程序

1. 简易程序的适用条件

简易程序是相对于一般程序而言的，为了提高火灾事故调查的效率，下列火灾可适用简易程序进行事故调查：

1）没有人员伤亡的。

2）直接财产损失轻微的（具体标准由省级人民政府公安机关确定，报公安部备案）。

3）当事人对火灾事故事实没有异议的。

4）没有放火嫌疑的。

2. 简易程序的实施步骤

适用简易程序进行火灾事故调查的，按照下列步骤实施：

1）可以由1名火灾事故调查人员调查，并表明执法身份，说明调查依据。

2）调查走访当事人、证人，了解火灾发生过程、火灾烧损的主要物品及建筑物受损等与火灾有关的情况。

3）查看火灾现场并进行照相或者录像。

4）告知当事人调查的火灾事故事实，听取当事人的意见，当事人提出的事实、理由或者证据成立的，应当采纳。

5）当场制作火灾事故简易调查认定书，并交付当事人。2日内由火灾事故调查人员将火灾事故简易调查认定书报所属公安机关消防机构备案。

（二）一般程序

1. 一般程序的适用要求

除适用简易程序调查的火灾事故外，其余火灾事故按照一般程序进行调查，调查时应符合下列要求：

1）火灾事故调查人员不得少于2人，必要时，可以聘请专家或者专业人员协助调查。

2）对复杂疑难的火灾，公安部和省级人民政府公安机关应当成立火灾事故调查专家组协助调查火灾。

3）及时作出火灾事故认定。即自接到火灾报警之日起30日内作出火灾事故认定；情况复杂、疑难的，经上一级公安机关消防机构批准，可以延长30日。火灾事故调查中进行检验、鉴定的时间不计入调查期限。

2. 一般程序的实施步骤

（1）现场调查　现场调查，是指火灾事故调查人员根据调查需要，对知情人员进行询问（知情人员包括发现、扑救火灾人员，熟悉起火场所、部位和生产工艺人员，火灾肇事嫌疑人和被侵害人等，对火灾肇事嫌疑人还可以依法传唤），对火灾现场进行照相或者录音、录像以及现场勘验、试验等一系列活动。

（2）检验、鉴定　检验、鉴定，是指公安机关消防机构委托有资质的检验、鉴定机构，对火灾现场提取的痕迹、物品，火灾直接财产损失，死亡人员等进行检验、鉴定的过程。

（3）火灾损失统计　火灾损失统计，是指公安机关消防机构根据受损单位和个人的申报、依法设立的价格鉴证机构出具的火灾直接财产损失鉴定意见以及调查核实情况，按照有关规定，对火灾直接经济损失和人员伤亡进行的统计。

（4）火灾事故认定　火灾事故认定，是指公安机关消防机构根据现场调查和检验、鉴定意见等调查情况，对火灾事故情况进行的认定。对起火原因已经查清的火灾，事故认定包括对起火时间、起火部位、起火点和起火原因的认定。对无法查清原因的火灾，事故认定应包括对起火时间、起火点或者起火部位以及有证据能够排除和不能排除的起火原因的认定。

公安机关消防机构在火灾事故认定之后应当及时出具火灾事故认定书，自作出之日起7日内送达当事人。无法送达的，可以在作出火灾事故认定之日起7日内公告送达，公告期为20日，公告期满即视为送达。

（5）复核　复核，是指火灾事故复核机构对当事人提出的有异议的火灾事故认定进行审查的活动。对于复核的具体规定包括：

1）复核机构　原则上，复核机构为火灾事故认定机关的上一级公安机关消防机构。其中，省级人民政府公安机关消防机构作出的火灾事故认定，其复核机构为省级人民政府公安机关。

2）当事人提出复核申请的期限和次数　当事人对火灾事故认定有异议的，应当在收到火灾事故认定书之日起15日内提出复核申请。复核申请的次数以一次为限。这里所指的一次是针对同一当事人因相同的理由对同一个火灾事故认定提出复核的次数所作的限定。

3）复核申请受理的期限和作出复核决定的期限　复核申请受理的期限为7日，即复核机构在收到复核申请之日起7日内应作出是否受理的决定。

复核机构作出复核决定的期限为30日，对需要向有关人员进行调查或者火灾现场复核勘验的，经复核机构负责人批准，复核期限可以延长30日。

4）复核的方式　复核的方式包括书面审查、调查和复核勘验。书面审查，是指复核机构对复核申请和原火灾事故认定进行书面审查；调查，是指经书面审查，仍有一些情况无法查明时，复核机构可以向有关人员进行调查；复核勘验，是指火灾现场尚存且未变动的，可以进行复核勘验，以查明和核实现场的一些情况。

自学指导

本章学习重点：单位各消防安全责任主体的消防安全职责，公共娱乐场所消防安全要求，建设工程消防设计审核、消防验收工程范围，消防监督检查的形式，火灾事故调查的任务

1. 单位各消防安全责任主体主要涉及消防安全责任人，消防安全管理人，产权单位与承包人、租赁人、被委托经营人、被委托管理人，物业管理单位，大型活动的主办单位、承办单位以及提供场地单位，建筑工程施工现场。

2. 公共娱乐场所消防安全要求主要包括公共娱乐场所所在建筑的耐火等级要求，公共娱乐场所的设置要求，公共娱乐场所的疏散要求，公共娱乐场所的消防设施要求和公共娱乐场所营业期间的防火管理要求。

3. 建设工程消防设计审核和消防验收工程范围包括大型人员密集场所和特殊建设工程两类。每类工程又根据面积和使用性质进行了进一步界定。

4. 消防监督检查的形式包括：①对公众聚集场所在投入使用、营业前的消防安全检查；②对单位履行法定消防安全职责情况的监督抽查；③对举报投诉的消防安全违法行为的核查；④对大型群众性活动举办前的消防安全检查；⑤根据需要进行的其他消防监督检查。

5. 火灾事故调查的任务包括调查火灾原因、统计火灾损失、依法对火灾事故作出处理、总结火灾教训。

本章学习难点：单位消防安全制度，消防安全教育培训的内容及要求

1. 单位消防安全制度主要包括防火检查、巡查制度，火灾隐患整改制度，消防安全教育与培训制度，灭火与应急疏散预案的制定与演练制度等。

2. 消防安全教育培训的内容主要包括国家消防工作方针、政策，消防法律法规，火灾预防知识，火灾扑救、人员疏散逃生和自救互救知识及其他应当教育培训的内容。

《社会消防安全教育培训规定》对各类单位、学校和社区居民委员会、村民委员会开展消防安全教育培训的内容、方式等作出了明确要求。

复习思考题

一、单项选择题（每题设四个选项，其中只有一个正确答案，将其选出并将代表它的ABCD填写在题后的括号内，多选、错选或不选均不得分）

1. 以下关于单位防火检查、巡查的描述不正确的是（　　）。

A. 机关、团体、事业单位至少每月进行一次防火检查

B. 消防安全重点单位应每日进行防火巡查

C. 公众聚集场所在营业期间至少每两小时进行一次防火巡查

D. 寄宿制的学校、托儿所、幼儿园要加强夜间防火巡查

2. 消防安全重点单位至少（　　）对每名员工进行一次消防安全培训。

A. 每月　　B. 每季度　　C. 每半年　　D. 每年

3. 公众聚集场所至少（　　）对员工进行一次消防安全培训。

A. 每月　　B. 每季度　　C. 每半年　　D. 每年

4. 以下关于公共娱乐场所消防安全要求描述准确的是（　　）。

A. 居民住宅楼内根据需要可以改建公共娱乐场所

B. 设置在地下的公共娱乐场所最多允许设在建筑物的地下二层

C. 设在地下的公共娱乐场所通往地面的安全出口数不少于2个

D. 公共娱乐场所如果设置独立的防火分区则可与重要仓库或者危险品仓库毗连

二、填空题（将正确的答案填写在括号中）

1. 单位的消防安全制度主要包括（　　）制度，火灾隐患整改制度，消防安全教育与培训制度，灭火、应急疏散预案的制定与演练制度等。

2. 火灾事故调查的任务包括调查火灾原因、统计火灾损失、依法对火灾事故作出处理、（　　）。

三、名词解释

1. 消防安全责任人

2. 消防安全管理人

四、简答题

1. 简述物业管理单位的消防安全职责。

2. 简述公共娱乐场所营业期间的防火管理要求。

3. 简述单位消防安全教育与培训的主要内容。

4. 简述消防监督检查的形式。
5. 建设工程消防质量责任主体有哪些？
6. 火灾事故调查一般程序包括哪几个步骤？

五、论述题

结合实际，论述单位火灾隐患的整改方式。

第六章　消防管理标准

学习目标

1. 应了解、知道的内容：

◇ 消防产品质量现场检查的内容。

◇ 建设工程消防验收评定程序。

2. 应理解、清楚的内容：

◇ 人员密集场所产权、使用或委托管理单位及相关人员的消防安全职责。

◇ 典型人员密集场所的消防安全措施。

◇ 建设工程消防验收的内容。

◇ 重大火灾隐患的判定方法。

◇ 消防产品市场准入检查的标准。

3. 应掌握、会用的内容：

◇ 人员密集场所的各项消防安全制度。

◇ 建设工程局部验收的条件。

4. 应熟练掌握的内容：

◇ 本章所述各消防管理标准的适用范围。

◇ 重大火灾隐患的概念。

自学时数　4学时。

老师导学

消防标准按照内容可分为基础标准、工程技术标准、产品标准以及管理标准四类。与其他消防法规体系渊源相比，消防标准的数量相对较多，限于篇幅，本章仅对消防管理标准中几部主要的标准作介绍。在本章的学习中，重在理解和掌握相关概念、消防安全要求和方法等。

第一节　人员密集场所消防安全管理

《人员密集场所消防安全管理》（GA 654—2006）是2007年1月1日起施行的一部公共安全行业标准，主要规定了人员密集场所使用和管理单位的消防安全管理要求和措施等，旨在规范人员密集场所的消防安全管理行为。

一、《人员密集场所消防安全管理》的适用范围

《人员密集场所消防安全管理》适用于各类人员密集场所及其所在建筑的消防安全管理。这里的人员密集场所，仅指人员聚集的室内场所，如宾馆、饭店等旅馆，餐饮场所，商场、市场、超市等商店，体育场馆，公共展览馆、博物馆的展览厅，金融证券交易场所，公共娱乐场所，医院的门诊楼、病房楼，老年人建筑、托儿所、幼儿园，学校的教学楼、图书

馆和集体宿舍，公共图书馆的阅览室，客运车站、码头、民用机场的候车、候船、候机厅（楼），人员密集的生产加工车间、员工集体宿舍等。

二、人员密集场所产权、使用或委托管理单位及相关人员的消防安全职责

（一）产权单位、使用单位或委托管理单位的职责

1）落实消防安全责任，明确本场所的消防安全责任人和逐级消防负责人。

2）制定消防安全管理制度和保证消防安全的操作规程。

3）对从业人员进行消防安全教育和培训。

4）定期开展防火巡查、检查，及时消除火灾隐患。

5）保障疏散通道、安全出口、消防车通道畅通。

6）确定各类消防设施的操作维护人员，保障消防设施、器材以及消防安全标志完好有效，处于正常运行状态。

7）组织扑救初期火灾，疏散人员，维持火灾现场秩序，保护火灾现场，协助火灾调查。

8）确定消防安全重点部位和相应的消防安全管理措施。

9）制定灭火和应急疏散预案，定期组织消防演练。

10）建立防火档案。

（二）消防控制室值班员的职责

人员密集场所的消防控制室值班员必须经过消防职业培训，持证上岗。其具体职责如下：

1）熟悉和掌握消防控制室设备的功能及操作规程，保障消防控制室设备的正常运行。

2）对火警信号立即确认，火灾确认后立即报告火警并向消防主管人员报告，随即启动灭火和应急疏散预案。

3）对故障报警信号及时确认，及时排除消防设施故障，不能排除的立即向部门主管人员或消防安全管理人报告。

4）不间断值守岗位，做好消防控制室的火警、故障和值班记录。

（三）消防设施操作维护人员的职责

人员密集场所的消防设施操作维护人员需要经过消防职业培训，持证上岗。其具体职责如下：

1）熟悉和掌握消防设施的功能和操作规程。

2）对消防设施进行检查、维护和保养，保证消防设施和消防电源处于正常运行状态，确保有关阀门处于正确位置。

3）发现故障及时排除，不能排除的及时向上级主管人员报告。

4）做好运行、操作和故障记录。

（四）保安人员的职责

人员密集场所的保安人员在掌握防火和灭火基本技能的基础上需要履行以下消防安全管理职责：

1）进行防火巡查，并做好记录，发现问题及时报告。

2）发现火灾及时报火警并报告主管人员，实施灭火和应急疏散预案，协助灭火救援。

3）劝阻和制止违反消防法规和消防安全管理制度的行为。

（五）电气焊工、电工、易燃易爆化学品操作人员的职责

电气焊工、电工、易燃易爆化学品操作人员应熟悉本工种操作过程的火灾危险性，掌握消防基本知识和防火、灭火基本技能，在此基础上履行以下职责：

1）执行有关消防安全制度和操作规程，履行审批手续。

2）落实相应作业现场的消防安全措施，保障消防安全。

3）发生火灾后立即报火警，实施扑救。

三、主要的消防安全制度

（一）消防安全例会制度

人员密集场所应当建立消防安全例会制度。消防安全例会由消防安全责任人主持，有关人员参加，每月不宜少于一次，处理涉及消防安全的重大问题，研究、部署、落实本场所的消防安全工作计划和措施。

（二）防火巡查、检查制度

人员密集场所应当建立防火巡查和防火检查制度，确定巡查和检查的人员、内容、部位和频次。

1. 防火巡查

人员密集场所应进行每日防火巡查，并结合实际组织夜间防火巡查。其中，旅馆、商店、公共娱乐场所营业期间至少每两小时巡查一次，营业结束后仍需进行检查，确保消除遗留火种；医院、养老院及寄宿制的学校、托儿所和幼儿园应组织夜间防火巡查，巡查频次为每日不少于两次。

防火巡查的内容主要包括：①用火、用电有无违章情况；②安全出口、疏散通道是否畅通，有无锁闭；③安全疏散指示标志、应急照明是否完好；④常闭式防火门是否处于关闭状态，防火卷帘下是否堆放物品；⑤消防设施、器材是否在位、完整有效；⑥消防安全标志是否完好、清晰；⑦消防安全重点部位的人员在岗情况；⑧其他消防安全情况。

2. 防火检查

人员密集场所应定期组织开展防火检查，检查频次要求各岗位每天一次，各部门每周一次，单位每月一次。

防火检查的内容主要包括：①消防车通道、消防水源；②安全疏散通道、楼梯，安全出口及其疏散指示标志、应急照明；③消防安全标志的设置情况；④灭火器材配置及其完好情况；⑤建筑消防设施运行情况；⑥消防控制室值班情况、消防控制设备运行情况及相关记录；⑦用火、用电有无违章情况；⑧消防安全重点部位的管理；⑨防火巡查落实情况及其记录；⑩火灾隐患的整改以及防范措施的落实情况；⑪易燃易爆危险品场所防火、防爆和防雷措施的落实情况；⑫楼板、防火墙和竖井孔洞等重点防火分隔部位的封堵情况；⑬消防安全重点部位人员及其他员工消防知识的掌握情况。

（三）消防宣传、培训制度

人员密集场所应结合自身火灾危险性和消防安全管理需要，采取多种形式开展经常性的消防安全宣传与培训。

1. 消防宣传

对公众开放的人员密集场所可以通过张贴图画、消防刊物、播放视频、网络、举办消防文化活动等形式对公众宣传防火、灭火和应急逃生等常识。学校、幼儿园和托儿所可借助教学优势对学生、儿童进行消防知识的普及和启蒙教育，组织参观当地消防站、消防博物馆，参加消防夏令营等活动。

2. 消防培训

人员密集场所应当对其从业人员至少每半年组织一次集中消防培训，对新上岗员工或有关岗位人员进行上岗前的消防培训。

（四）安全疏散设施管理制度

安全疏散设施管理制度要求明确消防安全疏散设施管理的责任部门和责任人，明确安全疏散设施定期维护、检查的具体要求，确保其完好、有效。安全疏散设施管理的具体要求包括：

1）确保疏散通道、安全出口的畅通，禁止占用、堵塞疏散通道和楼梯间；在使用和营业期间疏散出口、安全出口的门不应锁闭。

2）封闭楼梯间、防烟楼梯间的门应完好，门上有正确启闭状态的标志，保证其正常使用。

3）常闭式防火门应经常保持关闭；需要经常保持开启状态的防火门，应保证其火灾时能自动关闭；自动和手动关闭的装置应完好、有效。

4）平时需要控制人员出入或设有门禁系统的疏散门，应有保证火灾时人员疏散畅通的可靠措施。

5）安全出口、疏散门不得设置门槛和其他影响疏散的障碍物，且在其1.4m范围内不应设置台阶。

6）消防应急照明、安全疏散指示标志应完好、有效，发生损坏时应及时维修、更换。

7）消防安全标志应完好、清晰，不应遮挡。

8）安全出口、公共疏散走道上不应安装栅栏、卷帘门。

9）窗口、阳台等部位不应设置影响逃生和灭火救援的栅栏。

10）在旅馆、餐饮场所、商店、医院、公共娱乐场所等各楼层的明显位置设置安全疏散指示图，指示图上应标明疏散路线、安全出口、人员所在位置和必要的文字说明。

11）举办展览、展销、演出等大型群众性活动，应事先根据场所的疏散能力核定容纳人数。活动期间应对人数进行控制，采取防止超员的措施。

（五）消防设施管理制度

消防设施是建筑消防安全的本质要求，为了加强管理，人员密集场所应建立消防设施管理制度，其内容包括明确消防设施管理的责任部门和责任人、消防设施的检查内容和要求、消防设施定期维护保养的要求。对于消防设施的管理，具体要求如下：

1）消火栓应有明显标志；室内消火栓箱不应上锁，箱内设备应齐全、完好；室外消火栓不应埋压、圈占；距室外消火栓、水泵接合器2m范围内不得设置影响其正常使用的障碍物。

2）展品、商品、货品柜，广告箱牌，生产设备等的设置不得影响防火门、防火卷帘、室内消火栓、灭火剂喷头、机械排烟口和送风口、自然排烟窗、火灾探测器、手动火灾报警按钮、声光报警装置等消防设施的正常使用。

3）确保消防设施和消防电源始终处于正常运行状态；需要维修时，可采取相应的措施，维修完成后，应立即恢复到正常运行状态。

4）定期检查、检测消防设施，并做好记录，存档备查；每年委托具有相关资质的单位对自动消防设施进行全面检查测试，并出具检测报告，送当地公安机关消防机构备案。

5）应明确消防控制室值班人员的职责，制定每日 24 小时值班制度和交接班的程序与要求以及设备自检、巡检的程序与要求。

（六）火灾隐患整改制度

火灾隐患，是指可能导致火灾发生或火灾危害增大的各类潜在的不安全因素。人员密集场所应建立火灾隐患整改制度，明确火灾隐患报告、认定、整改程序，确定整改火灾隐患的责任部门、责任人以及整改的期限和所需经费来源。具体要求如下：

1）发现火灾隐患立即改正，不能立即改正的，报告上级主管人员。

2）火灾隐患整改期间，应采取相应措施，保障安全。

3）在规定的期限内改正公安机关消防机构责令限期改正的火灾隐患和重大火灾隐患。

4）对于涉及城市规划布局而不能自身解决的重大火灾隐患，应提出解决方案并及时向上级主管部门或当地人民政府报告。

（七）用火、动火安全管理制度

人员密集场所应以制度的形式明确用火、动火管理的责任部门和责任人，用火、动火的审批程序、范围和要求，电气焊工的岗位资格及其职责要求等内容。具体要求如下：

1）需要动火施工的区域与使用、营业区之间要进行防火分隔。

2）电气焊等明火作业前，实施动火的部门和人员要按照制度规定办理动火审批手续，清除易燃、可燃物，配置灭火器材，落实现场监护人员和安全措施，在确认无火灾、爆炸危险后方可动火施工。

3）商店、公共娱乐场所禁止在营业时间进行动火施工。

4）演出、放映场所需要使用明火效果时，需落实相关的防火措施。

5）人员密集场所不能使用明火照明或取暖，如特殊情况需要时要有专人看护。

6）炉火、烟道等取暖设施与可燃物之间需采取防火隔热措施。

7）旅馆、餐饮场所、医院、学校等厨房的烟道至少每季度要清洗一次。

8）厨房燃油、燃气管道要经常检查、检测和保养。

（八）易燃易爆化学品管理制度

人员密集场所严禁生产、储存易燃易爆化学品，需要使用易燃易爆化学品时，必须根据需要限量使用，确保存储量不超过一天的使用量，且由专人管理、登记。

（九）消防档案管理制度

人员密集场所要以制度的形式明确消防档案建设、管理的责任部门和责任人，明确消防档案的制作、使用、更新及销毁要求。具体要求如下：

1）按照有关规定建立纸质消防档案，并宜同时建立电子档案。

2）消防档案应包括消防安全基本情况、消防安全管理情况、灭火和应急疏散预案。

3）消防档案内容应翔实，全面反映消防工作的基本情况，并附有必要的图样、图表。

4）消防档案应由专人统一管理，按档案管理要求装订成册。

【链接阅读】

一起火灾背后往往存在着多个火灾隐患，这些火灾隐患更多的是由于消防安全主体忽视消防安全的重要性，消防安全措施没有落实到位而产生的。

2013年6月3日6时10分许，位于吉林省长春市的宝源丰禽业有限公司主厂房发生特别重大火灾爆炸事故，共造成121人死亡、76人受伤，17234m^2主厂房及主厂房内生产设备被损毁，直接经济损失1.82亿元。这起火灾的直接原因是车间电气线路短路引燃周围可燃物。而造成如此重大伤亡的主要原因有：①起火后，火势迅速蔓延，聚氨酯泡沫塑料、聚苯乙烯泡沫塑料等材料大面积燃烧，产生高温有毒烟气，同时伴有泄漏的氨气等毒害物质；②主厂房部分安全出口被锁闭，火灾发生时人员无法及时逃生；③主厂房内没有报警装置，部分人员对火灾知情晚，丧失了最佳逃生时机；④该公司未对员工进行安全培训，未组织应急疏散演练，员工缺乏逃生自救互救知识和能力。

四、典型人员密集场所的消防安全措施

（一）商场的消防安全措施

商场的消防安全措施要求包括：

1）商店（市场）建筑物之间不能设置连接顶棚，当必须设置时必须满足一定的要求。

2）商店的仓库要采用耐火极限不低于3小时的隔墙与营业、办公部分分隔，通向营业厅的门应为甲级防火门。

3）营业厅内的柜台和货架应合理布置，确保疏散走道满足要求。

4）营业厅内应设置疏散指示标志，且符合要求。

5）营业厅的安全疏散不能穿越仓库，当必须穿越时，需设置疏散走道，并采用耐火极限不低于2小时的隔墙与仓库分隔。

6）营业厅内食品加工区的明火部位应当靠外墙布置，并采用耐火极限不低于2小时的隔墙与其他部位分隔。敞开式的食品加工区要采用电能加热设施，不应使用液化石油气作燃料。

7）防火卷帘门两侧各0.5m范围内不得堆放物品，并用黄色标志线划定范围。

（二）人员密集的生产加工车间和员工集体宿舍的消防安全措施

《人员密集场所消防安全管理》规定，人员密集的生产加工车间和员工集体宿舍的消防安全措施应当满足下列要求：

1）生产车间内需保持疏散通道畅通，通向疏散出口的主要疏散走道的净宽度不小于2m，其他疏散走道净宽度不小于1.5m，且走道地面上应画出明显的标示线。

2）车间内中间仓库的储量不能超过一昼夜的使用量。生产过程中的原料、半成品、成品应集中摆放，机电设备、消防设施周围0.5m范围内不可堆放可燃物。

3）生产加工中使用电熨斗等电加热器具时，要固定使用地点，并采取可靠的防火措施。

4）按操作规程定时清除电气设备及通风管道上的可燃粉尘、飞絮。

5）生产加工车间、员工集体宿舍不能擅自拉接电气线路、设置炉灶。

6）员工集体宿舍隔墙的耐火极限不能低于1小时，且应砌至梁、板底。

第二节　重大火灾隐患判定方法

《重大火灾隐患判定方法》（GA 653—2006）是2007年1月1日起施行的一部公共安全行业标准，规定了重大火灾隐患的判定方法和判定规则等，旨在为公民、法人、其他组织和公安机关消防机构提供科学判定重大火灾隐患的方法，为消防安全评估提供依据。

一、重大火灾隐患的概念

重大火灾隐患，是指违反消防法律法规，可能导致火灾发生或火灾危害增大，并由此可能造成特大火灾事故后果和严重社会影响的各类潜在的不安全因素。

二、《重大火灾隐患判定方法》的适用范围

《重大火灾隐患判定方法》适用于工业与民用建筑（包括人民防空工程）及相关场所因违反或不符合消防法规而形成的重大火灾隐患的判定。这里所说的场所，包括公共娱乐场所、人员密集场所、易燃易爆化学品场所和重要场所。

【链接阅读】

根据《重大火灾隐患判定方法》，易燃易爆化学品场所，是指生产、储存、经营易燃易爆化学品的场所，包括工厂、仓库、储罐（区）、专业商店、专用车站和码头、可燃气体储备站、充装站、调压站、供应站、加油加气站等。重要场所，是指发生火灾可能造成重大社会影响和经济损失的场所，如国家机关，城市供水、供电、供气、供暖调度中心，广播、电视、邮政、电信楼，发电厂（站），省级及以上博物馆、档案馆及文物保护单位，重要科研单位中的关键建筑设施，城市地铁等。

三、重大火灾隐患的判定方法

重大火灾隐患的判定方法包括直接判定和综合判定，对重大火灾隐患进行判定可根据实际情况进行选择应用或综合应用。

（一）重大火灾隐患直接判定

根据《重大火灾隐患判定方法》，存在下列情形可直接判定为重大火灾隐患：

1）生产、储存和装卸易燃易爆化学品的工厂、仓库和专用车站、码头、储罐区，未设置在城市的边缘或相对独立的安全地带。

2）甲、乙类厂房设置在建筑的地下、半地下室。

3）甲、乙类厂房、库房或丙类厂房与人员密集场所、住宅或宿舍混合设置在同一建筑内。

4）公共娱乐场所、商店、地下人员密集场所的安全出口、楼梯间的设置形式及数量不符合规定。

5）旅馆、公共娱乐场所、商店、地下人员密集场所未按规定设置自动喷水灭火系统或火灾自动报警系统。

6）易燃可燃液体、可燃气体储罐（区）未按规定设置固定灭火、冷却设施。

（二）重大火灾隐患综合判定

重大火灾隐患综合判定，是指按照场所类型，通过对重大火灾判定要素和可能造成的后果进行综合分析，确定是否存在重大火灾隐患。

1. 重大火灾隐患综合判定要素

重大火灾隐患综合判定要素如表 6-1 所示。

表 6-1　重大火灾隐患综合判定要素

序号	综合判定要素
1	擅自改变建筑内的避难走道、避难间、避难层与其他区域的防火分隔设施，或避难走道、避难间、避难层被占用、堵塞而无法正常使用
2	建筑物的安全出口数量不符合规定，或被封堵
3	按规定应设置独立的安全出口、疏散楼梯而未设置
4	商店营业厅内的疏散距离超过规定距离的 25%
5	高层建筑和地下建筑未按规定设置疏散指示标志、应急照明，或损坏率超过 30%；其他建筑未按规定设置疏散指示标志、应急照明，或损坏率超过 50%
6	设有人员密集场所的高层建筑的封闭楼梯间、防烟楼梯间门的损坏率超过 20%，其他建筑的封闭楼梯间、防烟楼梯间门的损坏率超过 50%
7	民用建筑内疏散走道、疏散楼梯间、前室室内的装修材料燃烧性能低于 B1 级
8	人员密集场所的疏散走道、楼梯间、疏散门或安全出口设置栅栏、卷帘门
9	除公共娱乐场所、商店、地下人员密集场所外的其他场所，其安全出口、楼梯间的设置形式及数量不符合规定
10	人员密集场所未按规定设置防烟排烟设施，或已设置但不能正常使用或运行
11	违反规定在公共场所使用可燃材料装修
12	未按规定设置消防车道或消防车道被堵塞、占用
13	建筑之间的既有防火间距被占用
14	城市建成区内的液化石油气加气站、加油加气合建站的储量达到或超过 GB 50156 对一级站的规定
15	丙类厂房或丙类仓库与集体宿舍混合设置在同一建筑内
16	未按规定设置除自动喷水灭火系统外的其他固定灭火设施
17	已设置的自动喷水灭火系统或其他固定灭火设施不能正常使用或运行
18	托儿所、幼儿园的儿童用房及儿童游乐厅等儿童活动场所，老年人建筑，医院、疗养院的住院部分等与其他建筑合建时，所在楼层位置不符合规定
19	地下车站的站厅乘客疏散区、站台及疏散通道内设置商业经营活动场所
20	擅自改变原有防火分区，造成防火分区面积超过规定的 50%
21	防火门、防火卷帘等防火分隔设施损坏的数量超过该防火分区防火分隔设施数量的 50%
22	丙、丁、戊类厂房内有火灾爆炸危险的部位未采取防火防爆措施，或这些措施不能满足防止火灾蔓延的要求
23	设有人员密集场所的建筑既有外窗被封堵或被广告牌等遮挡，影响逃生和灭火救援
24	高层建筑的举高消防车作业场地被占用，影响消防扑救作业
25	一类高层民用建筑的消防电梯无法正常运行

（续）

序号	综合判定要素
26	未按规定设置消防水源
27	未按规定设置室外消防给水设施，或已设置但不能正常使用
28	未按规定设置室内消火栓系统，或已设置但不能正常使用
29	消防用电设备未按规定采用专用的供电回路
30	未按规定设置消防用电设备末端自动切换装置，或已设置但不能正常工作
31	其他场所未按规定设置火灾自动报警系统
32	火灾自动报警系统处于故障状态，不能恢复正常运行
33	违反规定在可燃材料或可燃构件上直接敷设电气线路或安装电气设备
34	自动消防设施不能正常联动控制
35	易燃易爆化学品场所未按规定设置防雷、防静电设施，或防雷、防静电设施失效
36	易燃易爆化学品或有粉尘爆炸危险的场所未按规定设置防爆电气设备，或防爆电气设备失效

2. 重大火灾隐患综合判定规则

判定建筑或场所是否存在重大火灾隐患按照下列规则进行：

1）人员密集场所存在表6-1中第1～11项要素2项以上（含本数，下同），可综合判定为重大火灾隐患。

2）易燃易爆危险品场所存在表6-1中第12～17项要素2项以上，可综合判定为重大火灾隐患。

3）人员密集场所、易燃易爆危险品场所、重要场所存在表6-1中任意要素3项以上，可综合判定为重大火灾隐患。

4）其他场所存在表6-1中任意要素4项以上，可综合判定为重大火灾隐患。

（三）排除情形

《重大火灾隐患判定方法》规定，有下列任一种情形的可不判定为重大火灾隐患：

1）该重大火灾隐患可以立即整改。

2）该重大火灾隐患是因国家标准修订引起的（法律法规有明确规定的除外）。

3）已依法对重大火灾隐患进行了消防技术论证，并已采取相应的技术措施。

4）发生火灾不足以导致特大火灾事故后果或严重社会影响。

第三节　消防产品现场检查判定规则

《消防产品现场检查判定规则》（GA 588—2012）是2013年1月1日起施行的一部公共安全行业标准，规定了消防产品的市场准入检查、产品质量现场检查及其对应的判定规则等，旨在为消防产品现场检查判定提供技术依据，提高消防产品质量监督机构对消防产品监督检查的工作质量，及时发现和查处假冒伪劣产品，建立良好的消防产品市场秩序。

一、《消防产品现场检查判定规则》的适用范围

《消防产品现场检查判定规则》适用于消防产品质量监督机构对消防产品的现场检查和

判定。在我国，消防产品质量监督机构主要有公安机关消防机构、产品质量监督部门和工商行政管理部门。

二、消防产品的市场准入检查

市场准入检查是消防产品现场检查的内容之一，是针对产品是否符合国家有关市场准入规定所进行的检查。

（一）市场准入检查的项目、要求及不合格条件

消防产品市场准入检查标准如表 6-2 所示。

表 6-2　消防产品市场准入检查标准

检查项目	要　求	不合格情况
强制性产品认证	纳入强制性产品认证目录的消防产品，应依法获得强制性产品认证证书	未获得有效的强制性产品认证证书擅自生产、销售、使用的
技术鉴定	新研制的尚未制定国家标准、行业标准的消防产品，应依法获得消防产品技术鉴定证书	未获得有效的技术鉴定证书擅自生产、销售、使用的
机动车公告	国产消防车、消防摩托车产品应列入工业和信息化部《道路机动车辆生产企业及产品公告》	未列入公告擅自生产、销售的
产品一致性核查	消防产品的外观、标志、规格型号、结构部件、材料、性能参数、生产厂名、厂址与产地、产品实物等应与强制性产品认证证书、技术鉴定证书及其型式检验报告中的描述相一致	消防产品的外观、标志、规格型号、结构部件、材料、性能参数、生产厂名、厂址与产地、产品实物等与强制性产品认证证书、技术鉴定证书及其型式检验报告中的描述不一致的

（二）市场准入检查的判定规则

对消防产品进行市场准入检查时，存在表 6-2 中任一不合格情况的，判定该消防产品为不合格。

【链接阅读】

所谓市场准入，是指为了保证消防产品的质量安全，只有具备规定条件的生产者才允许进行消防产品的生产经营活动，只有具备规定条件的消防产品才允许生产、销售和使用的消防产品监督管理制度。

我国的消防产品市场准入制度包括强制性产品认证制度和技术鉴定制度。实行强制性产品认证的消防产品，由具有法定资质的认证机构认证合格后，方可生产、销售、使用。实行强制性产品认证的消防产品目录，由国务院相关部门制定并公布。技术鉴定制度，是指新研制的尚未制定国家标准、行业标准的消防产品，应当按照规定，经技术鉴定符合消防安全要求的，方可生产、销售、使用。

三、消防产品质量现场检查

产品质量现场检查是消防产品现场检查的另一项重要内容，是针对消防产品的一些关键性能，在现场采用相应检查方法进行的质量检查。产品质量现场检查包括两个方面：①产品

法定检验情况检查；②产品性能检查。

（一）产品法定检验情况检查

根据国家有关法律规定，消防产品出厂前应经型式检验和出厂检验合格。对消防产品法定检验情况进行检查的标准如表 6-3 所示。

表 6-3　产品法定检验情况检查标准

检查项目	要　求	不合格情况
产品检验情况	按照相关法律法规、强制性国家标准或者行业标准的规定需要进行型式检验和出厂检验的消防产品，应具备型式检验合格的检验报告和出厂检验合格的证明文件	未获得有效的型式检验合格报告擅自生产、销售、使用的
		无出厂检验合格证明文件擅自出厂、销售、使用的

（二）产品性能检查

消防产品种类繁多，不同产品对其质量实施现场检查时所需工具、方法以及性能检查项目各不相同。《消防产品现场检查判定规则》对我国生产、销售及使用领域常用的消防产品的性能检查的具体方法和要求作出了详细规定。

第四节　建设工程消防验收评定规则

《建设工程消防验收评定规则》（GA 836—2009）是 2009 年 8 月 1 日起实施的一部公共安全行业标准，规定了建设工程消防验收的内容、验收评定方法等，旨在指导和规范建设工程消防监督执法行为，增强建设工程消防验收工作的科学性和公正性。

一、《建设工程消防验收评定规则》的适用范围

《建设工程消防验收评定规则》适用于公安机关消防机构对新建、改建（含室内装修、用途变更）、扩建等建设工程竣工后实施的消防验收和消防备案检查。

建设工程消防验收是法律赋予公安机关消防机构的一项行政许可职责，是确保建设工程消防安全的重要措施。2012 年 11 月 1 日起实施的《建设工程消防监督管理规定》，明确要求公安机关消防机构对依法申报消防验收的建设工程，应当依照建设工程消防验收评定标准对已经消防设计审核合格的内容组织消防验收；对依法实施竣工备案检查的建设工程，按照建设工程消防验收评定标准完成工程检查。

二、建设工程消防验收的内容

（一）资料审查的内容

资料审查是消防验收的首要内容，公安机关消防机构需要对下列资料进行审查：

1）建设工程消防验收申报表。

2）工程竣工验收报告。

3）消防产品质量合格证明文件。

4）有防火性能要求的建筑构件、建筑材料、室内装修装饰材料符合国家标准或行业标准的证明文件、出厂合格证。

5）消防设施、电气防火技术检测合格证明文件。

6）施工、工程监理、检测单位的合法身份证明和资质等级证明文件。

7）消防设计变更情况、消防设计专家论证会纪要及其他需要提供的材料。

（二）现场抽样检查及功能测试的内容

资料审查合格后，公安机关消防机构需要对建设工程相关项目进行现场抽样检查及功能测试。具体包括：

1）对建筑防（灭）火设施等的外观质量进行现场抽样查看。

2）通过专业仪器设备对涉及距离、宽度、长度、面积、厚度等可测量的指标进行现场抽样测量。

3）对消防设施的功能进行现场测试。

4）对消防产品进行现场抽样判定。

5）对其他涉及消防安全的项目进行抽查、测试。

三、建设工程消防验收评定

建设工程消防验收评定按照先子项，再单项，最后综合的程序进行。

（一）子项评定

子项，是指组成防火设施、灭火系统或使用性能、功能单一的涉及消防安全的项目，如火灾探测器、安全出口、防火门等。子项按其在消防安全中的重要程度分为A（关键项目）、B（主要项目）、C（一般项目）三类。

1. 子项的抽查测试要求

对子项的抽查测试要求为：①子项抽样数量不少于2处，当该子项总数不超过2处时，全部检查；②涉及防火间距、消防车道的设置及安全出口、疏散楼梯的形式和数量应全部检查；③子项抽查中若有1处B类不合格项，则对该子项再抽查4处，不足4处的全部抽查。

2. 子项的评定要求

子项的评定要求为：①内容符合消防技术标准和消防设计文件要求的，评定为合格。②有距离、宽度、长度、面积、厚度等要求的内容，其误差不超过5%，且不影响正常使用功能的，评定为合格。③子项抽查中，出现A类不合格项的，评定为不合格；有1处B类不合格项，再抽查的4处均合格的，评定为合格，否则为不合格；有4处以上C类不合格项的，判定为不合格。④子项名称为系统功能的，系统主要功能满足设计文件要求并能正常实现的，评定为合格。⑤消防产品经现场判定不合格的，该子项评定为不合格。⑥未按照消防设计文件施工建设，造成子项内容缺少或与设计文件严重不符的，评定为不合格。

（二）单项评定

单项，是指由若干使用性质或功能相近的子项组成的涉及消防安全的项目，如建筑安全疏散系统、火灾自动报警系统、防烟排烟系统等。

1. 单项验收检查内容

根据《建设工程消防验收评定规则》的规定，单项验收检查的内容包括：①建筑类别、总平面布局和平面布置；②建筑内部装修防火；③防火防烟分隔、防爆；④安全疏散与消防电梯；⑤消防水源、消防电源；⑥水灭火系统；⑦火灾自动报警系统；⑧防烟排烟系统；⑨建筑灭火器；⑩其他灭火设施。

2. 单项的评定要求

单项是由若干不同类别的子项构成，当构成单项的所有子项均评定为合格，且满足下列条件的，单项评定为合格，否则为不合格：

1）B 类不合格项不大于 4 处。

2）C 类不合格项不大于 8 处。

（三）综合评定

综合评定，是指依据资料审查和各单项检查结果作出的消防验收结论。建设工程消防验收的综合评定结论分为合格和不合格两类。

当建设工程消防验收时符合下列条件的，综合评定为消防验收合格：①建设工程消防验收的资料审查为合格；②建设工程的所有单项均评定为合格。

上述两个条件中，不符合其中任意一项的，综合评定为消防验收不合格。对此，建设单位应整改之后申请复验。

四、建设工程局部验收

根据《建设工程消防监督管理规定》以及《建设工程消防验收评定规则》的相关规定，大型建设工程需要局部投入使用的部分，经建设单位提出申请，公安机关消防机构可依法实施局部验收。建设工程局部验收的程序、方法及评定要求均执行前文所述的建设工程的验收评定规则。申请局部消防验收的建设工程，应符合下列条件：

1）与非使用区域有完整的符合消防技术标准要求的防火、防烟分隔。

2）局部投入使用部分的安全出口、疏散楼梯符合消防技术标准要求。

3）消防水源、消防电源均满足消防技术标准和消防设计文件要求。

4）取得局部投入使用部分的各项消防设施技术检测合格报告，并保证其独立运行。

5）消防安全布局合理，消防车通道能够正常使用。

自学指导

本章学习重点：人员密集场所相关人员的消防安全职责，人员密集场所的消防安全制度，重大火灾隐患的概念以及重大火灾隐患判定方法，消防产品市场准入检查的项目、现场检查的内容，建设工程消防验收的内容以及验收评定程序

1. 人员密集场所相关人员主要包括：①消防控制室值班员；②消防设施操作维护人员；③保安人员；④电气焊工、电工、易燃易爆化学品操作人员。这些人员应当履行各自的消防安全职责。

2. 人员密集场所的消防安全制度有：①消防安全例会制度；②防火巡查、检查制度；③消防宣传、培训制度；④安全疏散设施管理制度；⑤消防设施管理制度；⑥火灾隐患整改制度；⑦用火、动火安全管理制度；⑧易燃易爆化学品管理制度；⑨消防档案管理制度。

3. 重大火灾隐患，是指违反消防法律法规，可能导致火灾发生或火灾危害增大，并由此可能造成特大火灾事故后果和严重社会影响的各类潜在的不安全因素。重大火灾隐患的判定方法包括直接判定法和综合判定法，对重大火灾隐患进行判定可根据实际情况进行选择应用或综合应用。

4. 消防产品市场准入检查的项目包括强制性产品认证、技术鉴定、机动车公告、产品一致性核查。消防产品质量现场检查包括产品法定检验情况检查和产品性能检查两个方面。

5. 建设工程消防验收的内容包括资料审查和现场抽样检查及功能测试。建设工程验收评定按照先子项，再单项，最后综合的程序进行。

本章学习难点：人员密集场所防火巡查和防火检查制度

防火巡查和防火检查制度是人员密集场所重要的消防安全管理制度。理解防火巡查和防火检查制度主要是从两项制度的内容特点出发，在比较中进一步掌握这两项制度。

复习思考题

一、单项选择题（每题设四个选项，其中只有一个正确答案，将其选出并将代表它的ABCD填写在题后的括号内，多选、错选或不选均不得分）

1.《建设工程消防验收评定规则》适用的主体是（　　）。

A. 公安机关消防机构　　　　B. 建设单位

C. 施工单位　　　　D. 监理单位

2. 下列不属于人员密集场所的是（　　）。

A. 宾馆　　　　B. 商场

C. 博物馆　　　　D. 建筑工地

二、填空题（将正确的答案填写在括号中）

1. 重大火灾隐患的判定方法包括直接判定和（　　）的方法。

2. 消防产品市场准入检查的内容包括强制性产品认证、（　　）、机动车公告、产品一致性核查。

三、名词解释

1. 重大火灾隐患

2. 子项

四、简答题

1. 人员密集场所的消防安全制度有哪几项？

2. 简述人员密集场所防火检查的频次要求。

第七章　消防刑事犯罪及刑事责任

学习目标

1. 应了解、知道的内容：

◇ 消防刑事犯罪的概念。

◇ 消防刑事犯罪的构成要件。

2. 应理解、清楚的内容：

◇ 失火罪、消防责任事故罪、重大责任事故罪的概念及其刑罚。

3. 应掌握、会用的内容：

◇ 失火罪、消防责任事故罪、重大责任事故罪的比较。

4. 应熟练掌握的内容：

◇ 失火罪、消防责任事故罪、重大责任事故罪的犯罪构成特征。

自学时数　2学时。

老师导学

本章在说明了什么是消防刑事犯罪之后，对几类主要的消防刑事犯罪，即失火罪、消防责任事故罪及重大责任事故罪的概念、犯罪构成要件及其刑事责任进行了阐述。为了区别三类犯罪，还对三者之间进行了比较。在对本章的学习中，应重在对三类犯罪的犯罪构成特征的理解，能够清楚三类犯罪之间的区别。

犯罪，是指违反国家法律、给社会造成一定危害，并根据法律应当受到刑事处罚的行为。任何犯罪都具有四个共同的构成要件，即犯罪主体，犯罪客体、犯罪主观方面、犯罪客观方面。其中，犯罪主体，是指实施犯罪行为的人；犯罪客体，是指《刑法》所保护而被犯罪行为所侵害的社会关系；犯罪主观方面，是指犯罪主体对其实施的犯罪行为及其结果所具有的心理状态，即故意或过失；犯罪客观方面，是指犯罪行为的具体表现，即犯罪是在什么样的客观条件下，用什么样的行为，使客体受到什么样的危害。

消防刑事犯罪简称消防犯罪，是指《刑法》规定的各种危害国家消防安全利益的犯罪的总称，或者说是各种严重的消防安全违法行为的总称。

消防刑事犯罪主要包括，放火罪，失火罪，消防责任事故罪，重大责任事故罪，危险物品肇事罪，大型群众性活动重大安全事故罪，生产、销售伪劣产品罪，生产、销售不符合安全标准的产品罪，提供虚假证明文件罪，贪污罪，受贿罪，滥用职权罪，玩忽职守罪和其他与引起火灾有关的消防刑事犯罪。由于广义的消防刑事犯罪内容较多，限于篇幅，本章仅讨论几类主要的消防刑事犯罪。

第一节　失　火　罪

一、失火罪的概念

失火罪，是指由于行为人的过失引起火灾，造成严重后果，危害公共安全的行为。

二、失火罪的构成要件

（一）失火罪的客体特征

失火罪侵犯的客体是公共安全，即不特定多数人的生命、健康和重大公私财产的安全。从实践来看，本罪对公共安全的危害通常表现为以下两种情况：①危害重大公私财产的安全；②既危害不特定多数人的生命、健康，又危害重大公私财产安全。由于火的燃烧须依附于财物，没有财物的燃烧，火势就难以危及不特定多数人的人身，因此单纯危害不特定多数人的生命、健康的情况是罕见的。

（二）失火罪的客观方面特征

失火罪在客观方面表现为行为人实施了引起火灾，并且造成严重后果的行为。首先，行为人必须有引起火灾的行为。失火一般发生在日常生活中，如吸烟引起火灾，取暖、做饭用火不慎引起火灾。做饭不照看炉火，安装炉灶、烟囱不符合防火规则，在森林中乱烧荒，或者架柴做饭、取暖，不注意防火，以致酿成火灾，造成重大损失，就构成失火罪。如果火灾不是由于行为人的失火行为引起的，而是由于自然原因引起的，则不构成失火罪。其次，行为人的行为必须造成严重后果。本罪为结果犯，只有因失火造成严重后果的才构成本罪，因此不存在犯罪未遂的问题。严重后果，是指因失火致人重伤、死亡或者使公私财产遭受重大损失的后果。仅有失火行为，未引起危害后果；或者危害后果不严重，不构成失火罪，而属一般失火行为。最后，上述严重后果必须是失火行为所引起的，即同失火行为有着直接的因果关系。

【链接阅读】

《最高人民检察院、公安部关于公安机关管辖的刑事案件立案追诉标准的规定（一）》

（公通字〔2008〕36号）中对“严重后果”的相关规定

该规定第1条规定，过失引起火灾，涉嫌下列情形之一的，应予立案追诉：①导致死亡1人以上，或者重伤3人以上的；②造成公共财产或者他人财产直接经济损失50万元以上的；③造成10户以上家庭的房屋以及其他基本生活资料烧毁的；④造成森林火灾，过火有林地面积2公顷以上，或者过火疏林地、灌木林地、未成林地、苗圃地面积4公顷以上的；⑤其他造成严重后果的情形。

上述“有林地”“疏林地”“灌木林地”“未成林地”“苗圃地”按照国家林业主管部门的有关规定确定。这里的“有关规定”，是指国家林业局2004年2月13日颁发的《国家森林资源连续清查技术规定》。

重伤标准依据司法部、最高人民法院、最高人民检察院、公安部印发的《人体重伤鉴定标准》执行，火灾中受伤人员受伤程度应当经司法鉴定部门进行鉴定。

（三）失火罪的主体特征

失火罪的主体为一般主体，凡达到法定刑事责任年龄、具有刑事责任能力的人均可成为本罪主体。国家工作人员或者具有从事某种业务身份的人员，在执行职务中或从事业务过程中过失引起火灾，不构成失火罪。

（四）失火罪的主观方面特征

失火罪在主观方面表现为过失。既可出于疏忽大意的过失，即行为人应当预见自己的行为可能引起火灾，因为疏忽大意而未预见，致使火灾发生；也可出于过于自信的过失，即行为人已经预见自己的行为可能引起火灾，由于轻信火灾能够避免，结果发生了火灾。这里的疏忽大意、轻信能够避免，是指行为人对火灾危害结果的心理态度，而不是对导致火灾的行为的心理态度。实践中有的案件行为人对导致火灾的行为是明知故犯的，如明知在特定区域内禁止吸烟却禁而不止等，但对火灾危害结果既不希望，也不放任其发生。这种案件应定为失火罪。行为人对于火灾的发生，主观上具有犯罪的过失，是其负刑事责任的主观根据。如果查明火灾是由于不可抗拒或不能预见的原因所引起的，如雷击、地震等引起的火灾，则属于意外事故，不涉及犯罪问题。

三、失火罪的刑事责任

根据《刑法》第115条第2款的规定，犯失火罪的，处3年以上7年以下有期徒刑；情节较轻的，处3年以下有期徒刑或者拘役。

司法实践中，“情节较轻的”主要是指：①行为人有法定从轻、减轻处罚情节，如又聋又哑的人或盲人犯罪或者限制刑事责任能力的人犯罪等；②行为人犯罪后能够坦白悔罪、主动赔偿损失等；③犯罪行为造成的危害结果较轻等。

【案例】 被告人陈某，男，汉族，农民，福建省永泰县葛岭镇布边村人。被告人陈某于2004年2月15日中午1时许，从家中到本村岩下山场查看自家青梅生长情况，将没有掐灭的烟蒂随手丢弃在路边草丛中。当陈某返回经过此地时，发现丢烟蒂地方的杂草在燃烧，即用随身带着的柴刀砍一树枝扑火。因火势无法控制，造成岩下六斤田山场森林火灾。案发后，经林业部门技术鉴定，六斤田山场森林火灾过火面积148亩（1亩=$666.\dot{6}m^2$），受害森林面积148亩，经济损失44389.08元。造成被害单位福建永泰大湖国有林场经济损失25678.94元。鉴于被告人陈某失火后积极扑火，案发后其亲属主动向被害人赔偿部分经济损失，归案后能自愿认罪，认罪态度较好，人民法院决定对其予以从轻处罚，以被告人陈某犯失火罪，判处其3年有期徒刑。

第二节　消防责任事故罪

一、消防责任事故罪的概念

消防责任事故罪，是指违反消防管理法规，经消防监督机构通知采取改正措施而拒绝执行，造成严重后果的行为。

二、消防责任事故罪的构成要件

（一）消防责任事故罪的客体特征

消防责任事故罪侵犯的客体是国家的消防监督管理制度和公共安全。我国对消防工作实行严格的监督管理，专门制定了《消防法》《消防监督检查规定》等消防法规，其中规定，我国消防工作由各级公安机关消防机构具体实施监督，公安机关消防机构发现火灾隐患，应及时向被检查对象发出整改通知，被通知对象有义务采取有效措施消除火灾隐患。

（二）消防责任事故罪的客观方面特征

消防责任事故罪的客观方面表现为行为人违反消防管理法规，经消防监督机构通知采取改正措施而拒绝执行，造成严重后果的行为。消防责任事故罪为结果犯，只有因未履行防火责任而造成严重后果的才构成犯罪。因此，不存在犯罪未遂问题。符合本罪的客观方面必须具备以下四个条件：

1. 行为人必须有违反消防管理法规的行为

消防管理法规，是指国家规定的用以调整消防安全社会关系的法律规范的总称，包括与消防有关的法律、行政法规、地方性法规、部门规章和地方性规章及消防标准等。消防管理法规是公安机关消防机构对消防安全实施管理的基本依据，也是判断行为人是否违反消防管理法规的基本依据。例如，生产、储存和装卸易燃易爆危险品的工厂、仓库和专用车站、码头不按国家有关规定进行设置，易燃易爆气体和液体的充装站、供应站、调压站的设置不符合防火防爆要求，新建、扩建、改建工程的设计和施工不执行建筑设计防火规范的规定，营业性场所不按照国家有关规定配置消防设施和器材、不能保障疏散通道和安全出口畅通，等等。

2. 行为人违反消防管理法规的行为必须经公安机关消防机构通知采取改正措施

构成消防责任事故罪，在客观方面必须具有经公安机关消防机构通知采取改正措施的前置行为。行为人违反消防管理法规的行为在前，公安机关消防机构指正在后，如果仅有违规行为，而无指正行为，就不构成本罪。

3. 行为人对公安机关消防机构通知采取改正措施拒绝执行

首先，对于行为人违反消防管理法规的行为，公安机关消防机构应按《消防监督检查规定》的要求书面通知行为人。其次，行为人必须有对公安机关消防机构采取改正措施的通知拒绝执行的行为。拒绝执行不仅包括形式上和实质上明确的拒绝执行，也包括形式上不拒绝执行而实质上拒绝执行。

4. 行为人对公安机关消防机构通知采取改正措施拒不执行造成了严重后果

消防责任事故罪属于结果犯，必须造成了法定后果，才构成本罪。所谓严重后果，通常是指造成了人身伤害、死亡或公私财产的重大损失。这里的严重后果，首先只能以火灾的形式出现，因为消防的对象就是火灾，而不是其他事故；其次以火灾为表现形式的严重后果是由于拒绝执行公安机关消防机构作出的采取改正措施的通知直接导致的，二者具有因果关系。

【链接阅读】

《最高人民检察院、公安部关于公安机关管辖的刑事案件立案追诉标准的规定（一）》
（公通字〔2008〕36号）中对“严重后果”的相关规定

该规定第15条规定，违反消防管理法规，经消防监督机构通知采取改正措施而拒绝执行，涉嫌下列情形之一的，应予立案追诉：①造成死亡1人以上，或者重伤3人以上的；②造成直接经济损失50万元以上的；③造成森林火灾，过火有林地面积2公顷以上，或者过火疏林地、灌木林地、未成林地、苗圃地面积4公顷以上的；④其他造成严重后果的情形。

上述“有林地”“疏林地”“灌木林地”“未成林地”“苗圃地”按照国家林业主管部门的有关规定确定。

（三）消防责任事故罪的主体特征

消防责任事故罪的主体为特殊主体，即那些对消防安全负有直接责任的人员。实践中，主要是那些与防火责任有直接关系的单位法定代表人、单位及部门防火负责人、专（兼）职防火安全保卫人员及涉及改正措施过程的其他有关人员。

（四）消防责任事故罪的主观方面特征

消防责任事故罪在主观方面表现为过失，既可以是疏忽大意的过失，也可以是过于自信的过失。这里所说的过失，是行为人对其所造成的危害结果的心理状态而言。行为人主观上并不希望火灾事故发生，但就其违反消防管理法规，经公安机关消防机构通知采取改正措施而拒绝执行而言，则是明知故犯的。行为人明知是违反了消防管理法规，但却未想到会因此产生严重后果，或者轻信能够避免，以致发生了严重后果。

【案例】 2006 年 4 月，被告人王某在北京市朝阳区东坝乡租用了一处有四间平房的农家小院，开办了名为“阳光乐园”的幼儿园。2007 年 1 月，朝阳区教委、安监局等部门对东坝乡的幼儿园进行了专项检查，认为阳光乐园幼儿园属存在安全隐患的学校，建议家长把孩子送到正规幼儿园。朝阳区消防部门多次发出通知，要求王某消除幼儿园的安全隐患。王某坦言自己只是把裸露的电线遮住，没做实质性整改。2008 年 1 月 17 日，因园内幼儿玩取暖器引发火灾，致使 1 名儿童不幸遇难。朝阳法院以消防责任事故罪判处王某有期徒刑 2 年。

三、消防责任事故罪与失火罪的比较

（一）犯罪的主体不同

消防责任事故罪的犯罪主体是特殊主体，即有特定职业或身份的人；而失火罪的主体为一般主体，即任何达到刑事责任年龄、具有刑事责任能力的人。

（二）火灾事故发生的前因不同

消防责任事故罪发生火灾事故的前因是行为人违反消防管理法规，对公安机关消防机构采取改正措施的通知拒绝执行；而失火罪中的火灾事故则是行为人日常生活中用火不慎造成的。

（三）主观方面不同

消防责任事故罪的行为人对违反消防管理法规以及不执行公安机关消防机构采取改正措施的通知，通常表现为明知故犯，但是，行为人不一定是直接引起火灾发生的责任人；而失火罪的行为人不存在这种主观故意内容，相反，是对火灾事故直接表现为过失，行为人是引起火灾发生的直接责任人。

四、消防责任事故罪的刑事责任

根据《刑法》第 139 条的规定，犯消防责任事故罪的，对直接责任人员处 3 年以下有期徒刑或者拘役；后果特别严重的，处 3 年以上 7 年以下有期徒刑。

第三节　重大责任事故罪

一、重大责任事故罪的概念

重大责任事故罪，是指在生产、作业中违反有关安全管理的规定，因而发生重大伤亡事

故或者造成其他严重后果的行为。

二、重大责任事故罪的构成要件

（一）重大责任事故罪的客体特征

重大责任事故罪侵犯的客体是生产、作业安全，表现为能够使不特定的多数人的生命、健康或者公私财产遭受重大的损害，其特点是这些损害发生在生产、作业过程中。

（二）重大责任事故罪的客观方面特征

重大责任事故罪在客观方面表现为在生产、作业过程中由于违反安全管理的有关规定，因而发生重大伤亡事故或者造成其他严重后果的行为。例如，擅自移动有关安全生产方面的标志、开关、信号，在禁火区生产时使用明火作业等。再如，值班时外出游玩、睡觉打盹、精神不集中等。

符合本罪的客观方面必须具备以下三个条件：

1. 行为人必须具有违反安全管理规定的行为

所谓安全管理规定，是指国家发布的各种有关安全生产的法规，以及企业、事业单位及其上级管理机关制定的涉及工艺技术、生产操作、技术监督、劳动保护、安全管理等方面的规程、规章、办法和制度等。认定某人是否构成重大责任事故罪，首先应查明其是否具有违反安全管理规定的行为，没有违反安全管理规定的行为就不构成本罪。

2. 行为人违反安全管理规定的行为必须是发生在生产或作业过程中并与生产或作业有直接联系

就普通职工而言，虽然在生产过程中具有违反安全管理规定的行为，引起严重的危害结果，但如果同其生产或作业活动没有直接联系，则仍然属于危害公共安全罪中的其他过失犯罪，而不构成重大责任事故罪。就生产管理人员而言，其违反安全管理规定的行为只有与生产或作业直接联系，才构成重大责任事故罪，否则，仅在一般管理层次上出现漏洞，不贯彻执行有关安全生产的规章制度，引起发生严重危害结果的，不构成重大责任事故罪。

3. 行为人违反有关安全管理规定的行为必须引起了重大伤亡事故或者造成了其他严重后果

行为人虽然有违反安全管理规定的行为，但尚未造成重大伤亡事故或其他严重后果的，不构成重大责任事故罪。从造成的结果看，本罪规定了“重大伤亡”和“严重后果”两个标准，具备其一便构成犯罪。

【链接阅读】

《最高人民检察院、公安部关于公安机关管辖的刑事案件立案追诉标准的规定（一）》（公通字〔2008〕36号）中对“重大伤亡事故或者造成了其他严重后果”的相关规定

该规定第8条规定，在生产、作业中违反有关安全管理的规定，涉嫌下列情形之一的，应予立案追诉：①造成死亡1人以上，或者重伤3人以上；②造成直接经济损失50万元以上的；③发生矿山生产安全事故，造成直接经济损失100万元以上的；④其他造成严重后果的情形。

（三）重大责任事故罪的主体特征

重大责任事故罪的犯罪主体是特殊主体，包括以下两类人员：一类是直接从事生产、作业活动的人员；另一类是负责指挥、领导生产、作业活动的管理、监管人员。而非生产性的工作人员，如党、团和工会的专职工作人员，以及资料员、收发人员、治安人员等，玩忽职守，造成严重后果的，均不构成本罪，但是，如果他们参加车间生产期间，违章造成重大伤亡事故，造成严重后果的，则构成本罪。

【案例】 2010年11月15日，上海市静安区教师公寓发生火灾，火灾造成58人死亡，百余人受伤。事故原因经调查为无证电焊工违章电焊引起。事后，有16名犯罪嫌疑人被以重大责任事故罪拘留、逮捕。这16人中，有负责指挥、领导生产、作业活动的管理、监管人员，如原上海市静安区建设总公司总经理董某，也有电焊工王某某、吴某某，电焊包工头沈某某，脚手架包工头支某某等。

（四）重大责任事故罪的主观方面特征

重大责任事故罪在主观方面表现为过失。这种过失，表现在对造成的后果没有预见，或者轻信可以避免。而对违章本身，既可能是无意之中违反，也可能是明知故犯，但均不影响本罪的成立。如果行为人对危害结果出于故意的心理状态，则不构成本罪，而可能构成其他危害公共安全的犯罪。

三、重大责任事故罪与失火罪、消防责任事故罪的比较

（一）重大责任事故罪与失火罪

这两种犯罪的主观罪过形式都是过失；从现象上看，都可能引发火灾，造成严重的危害后果。但二者也有明显区别：

1. 犯罪主体不同

重大责任事故罪的犯罪主体是特殊主体，而失火罪的犯罪主体是一般主体。

2. 客观方面不同

重大责任事故罪必须是发生在生产、作业过程中，由于违反有关安全管理的规定，因而发生严重事故；而失火罪一般是由于在日常生活中用火不慎而引起火灾。

（二）重大责任事故罪与消防责任事故罪

重大责任事故罪和消防责任事故罪同属于危害公共安全罪，二者在结果形式上都表现为事故，在犯罪主观方面、犯罪主体、犯罪客体方面也具有相似性。二者之间的区别在于：

1. 犯罪的客观方面不同

重大责任事故罪的客观方面表现为行为人在生产、作业中违反有关安全管理的规定，因而发生重大伤亡事故或者造成其他严重后果的行为；而消防责任事故罪的客观方面表现为行为人违反消防管理法规，经公安机关消防机构通知采取改正措施而拒绝执行，造成严重后果的行为。

2. 犯罪主体的具体范围不同

重大责任事故罪的犯罪主体范围通常包括以下两类人员：一类是直接从事生产、作业活动的人员；另一类是负责指挥、领导生产、作业活动的管理、监管人员。而消防责任事故罪的犯罪主体范围为负有消防安全职责的人。

四、重大责任事故罪的刑事责任

根据《刑法》第134条的规定，犯重大责任事故罪的，处3年以下有期徒刑或者拘役；

情节特别恶劣的，处 3 年以上 7 年以下有期徒刑。其中，强令他人违章冒险作业，因而发生重大伤亡事故或者造成其他严重后果的，处 5 年以下有期徒刑或者拘役；情节特别恶劣的，处 5 年以上有期徒刑。

从司法实践来看，重大责任事故罪中的“情节特别恶劣”主要是指以下几种情况：①造成了特别严重的后果。如致多人死亡，或者致人重伤的人数特别多，或者直接经济损失特别巨大。②违章行为特别恶劣。如已因违反规章制度受到批评教育或行政处罚而不改正，再次违反规章制度，造成重大事故；或者屡次违反规章制度。③事故发生后，行为人表现特别恶劣。如事故发生后，不积极采取抢救措施抢救伤残人员或防止危害后果扩大，只顾个人逃命或抢救个人财物，使危害后果蔓延扩大；或者事故发生后，为逃避罪责，破坏、伪造现场，隐瞒事实真相，嫁祸于人。

自学指导

本章学习重点：失火罪、消防责任事故罪、重大责任事故罪的概念及其刑罚

1. 失火罪，是指行为人过失引起火灾，造成严重后果，危害公共安全的行为。根据犯罪情节的不同情况，其刑罚分别为不同期限的有期徒刑或者拘役。

2. 消防责任事故罪，是指违反消防管理法规，经消防监督机构通知采取改正措施而拒绝执行，造成严重后果的行为。根据犯罪情节的不同情况，其刑罚分别为不同期限的有期徒刑或者拘役。

3. 重大责任事故罪，是指在生产、作业中违反有关安全管理的规定，致使发生重大伤亡事故或者造成其他严重后果的行为。根据犯罪情节的不同情况，其刑罚分别为不同期限的有期徒刑或者拘役。

本章学习难点：失火罪、消防责任事故罪、重大责任事故罪的犯罪构成要件

犯罪构成要件是认定具体犯罪的标准，也是使行为人承担刑事责任的根据。理解失火罪、消防责任事故罪、重大责任事故罪的犯罪构成要件，主要是把握其特点，并从比较中进一步掌握每一罪名的犯罪构成。

复习思考题

一、单项选择题（每题设四个选项，其中只有一个正确答案，将其选出并将代表它的 ABCD 填写在题后的括号内，多选、错选或不选均不得分）

1. 关于失火罪，以下说法正确的是（　　）。

A. 失火罪的主体是一般主体　　B. 失火罪是一种故意犯罪

C. 失火罪侵犯的客体是生产作业安全　　D. 失火罪的主体是特殊主体

2. 关于重大责任事故罪，下列说法正确的是（　　）。

A. 犯罪的主体是一般主体　　B. 侵犯的客体是生产作业安全

C. 重大责任事故罪是一种故意犯罪　　D. 侵犯的客体是消防监督管理制度

二、填空题（将正确的答案填写在括号中）

1. 根据《刑法》的规定，犯重大责任事故罪情节特别恶劣的，处（　　）有期徒刑。

2. 根据《刑法》的规定，犯失火罪情节较轻的，处 3 年以下有期徒刑或者（　　）。

三、名词解释

1. 失火罪
2. 重大责任事故罪

四、简答题

1. 简述失火罪与重大责任事故罪的区别。
2. 简述消防责任事故罪的构成要件。

部分习题参考答案

第二章　消　防　法

论述题参考答案

1. 论述“预防为主，防消结合”的消防工作方针所体现的消防工作要求。

答案要点：①阐述“预防为主”的含义；②阐述“防消结合”的含义；③这一消防工作方针科学、准确地表达了“防”和“消”的辩证关系，体现了消防工作的要求：一方面要求消防工作立足于防患于未然，把预防火灾放在首位；另一方面要求把同火灾作斗争的两个基本手段——防火和灭火有机地结合起来。

2. 论述我国消防产品的消防安全管理制度。

答案要点：

1）指出消防产品属于特殊产品，我国对消防产品实行了比较严格的消防安全管理制度。

2）指出消防产品安全管理制度的内容并进行适当阐述。消防产品安全管理制度的内容包括：①消防产品必须符合国家标准，没有国家标准的，必须符合行业标准；②消防产品的生产者、销售者、使用者对消防产品质量负有保证义务，即禁止生产、销售或者使用不合格的消防产品以及国家明令淘汰的消防产品；③对纳入强制性产品认证目录的消防产品，实行强制性产品认证制度；④对于新研制的尚未制定国家标准、行业标准的消防产品，实行技术鉴定制度；⑤对消防产品的监督管理实行部门分段监管与部门协作相结合的制度。

案例分析题参考答案

1. 刘某的行为违反了《消防法》关于禁止非法携带易燃易爆危险品进入公共场所或者乘坐公共交通工具的规定。

2. 根据《消防法》的规定，材料中的消防违法行为有：①王大叔阻拦小明报告火警；②王大叔组织未成年人小明（初一学生）参加灭火；③店主李某向路人甲索要电话费。

3. 王某的售货棚紧靠土产公司宿舍，未保持安全距离，违反了《消防法》关于生产、储存、经营易燃易爆危险品的场所不得与居住场所设置在同一建筑物内，并应当与居住场所保持安全距离的规定。

第三章　消防安全相关法律

论述题参考答案

1. 如何理解一事不再罚原则？

答案要点：在阐述一事不再罚原则含义的基础上，对“一事”和“不再罚”进行解析。

2. 行政复议应遵循哪些基本原则？

答案要点：①行政复议应遵循的基本原则包括合法原则、公正原则、公开原则、及时原则、便民原则；②结合实际对各原则进行阐述。

3. 如何理解信赖保护原则？

答案要点：在阐述信赖保护原则含义的基础上，对是否适用信赖保护原则进行要素判定。

案例分析题参考答案

（1）消防行政处罚应遵循的原则包括：①处罚法定原则；②公正原则；③公开原则；④一事不再罚原则；⑤处罚与教育相结合的原则；⑥保障当事人合法权利原则；⑦时效原则。

（2）公安机关消防机构违反了一事不再罚原则。对化工有限公司的同一违法行为，消防大队和消防支队分别给予了罚款处罚。

第四章　消防安全相关行政法规

论述题参考答案

如何理解大型群众性活动安全管理的方针与原则？

答案要点：①指出大型群众性活动安全管理的方针与原则的具体内容，即大型群众性活动安全管理的方针是“安全第一、预防为主”，原则是“坚持承办者负责、政府监管”；②对“安全第一、预防为主”这一方针和“承办者负责、政府监管”这一原则的含义作进一步的阐述。

第五章　消防行政规章

论述题参考答案

结合实际，论述单位火灾隐患的整改方式。

答案要点：单位对自身存在的火灾隐患的整改方式有两种：

（1）能够当场改正的火灾隐患当场改正；

（2）对不能当场改正的火灾隐患采取相应的处置措施。具体的措施包括：①由单位消防工作归口管理职能部门或者专兼职消防管理人员根据本单位的管理分工，及时将存在的火灾隐患向消防安全管理人或者消防安全责任人报告，由消防安全管理人或者消防安全责任人确定整改的措施、期限以及负责整改的部门、人员，并落实整改资金；②对不能确保消防安全，随时可能引发火灾或者一旦发生火灾将严重危及人身安全的危险部位停产停业整改；③对于涉及城市规划布局而不能自身解决的重大火灾隐患以及单位确无能力解决的重大火灾隐患，由单位提出解决方案上报上级主管部门或者当地人民政府。可结合实际对上述内容进行分析论述。

参考文献

[1] 全国人大常委会法制工作委员会刑法室.《中华人民共和国治安管理处罚法》释义及实用指南［M］. 北京：中国民主法制出版社，2012.

[2] 国务院法制办公室. 中华人民共和国行政处罚法注解与配套［M］. 北京：中国法制出版社，2008.

[3] 法律出版社法规中心. 中华人民共和国行政强制法注释本［M］. 北京：法律出版社，2011.

[4] 汪永清. 行政许可法教程［M］. 北京：中国法制出版社，2011.

[5] 姚伟章. 消防监督管理执法须知［M］. 北京：群众出版社，2003.

[6] 高锦田，白凤领，等. 消防行政执法案例评析［M］. 北京：解放军出版社，2007.

[7] 高锦田. 消防行政执法概论［M］. 北京：中国人民公安大学出版社，2009.

[8] 陈俊敏. 消防法规基础教程［M］. 成都：西南交通大学出版社，2006.

[9] 卢莎，申屠江平. 安全生产法规实务［M］. 北京：化学工业出版社，2008.

[10] 李佑标. 消防刑事执法工作实务指南［M］. 北京：中国人民公安大学出版社，2011.

[11] 李佑标. 公安机关人民警察基本级执法资格考试教材［M］. 北京：中国法制出版社，2011.

[12] 李佑标. 灭火救援涉法问题释解与应用［M］. 北京：中国人民公安大学出版社，2009.

[13] 张付领，刘宇，刘建新，等. 公共安全法学与法律法规概论［M］. 北京：当代中国出版社，2007.

[14] 宋大成. 安全生产法规培训教程［M］. 北京：中国石化出版社，2009.

[15] 全国注册安全工程师执业资格考试辅导教材编写委员会. 安全生产法规与安全生产管理内容精讲与试题解析［M］. 北京：中国石化出版社，2009.

[16] 全国人大常委会法工委刑法室，公安部消防局. 中华人民共和国消防法释义［M］. 北京：人民出版社，2009.

后　　记

经全国高等教育自学考试指导委员会同意，由全国高等教育自学考试指导委员会电子电工与信息类专业委员会负责消防管理专业教材的审定工作。

《消防法规》教材由中国人民武装警察部队学院白凤领教授任主编。具体编写分工如下：第一、七章由高瑞霞编写，第二章由白凤领编写，第三章由杨殿波编写，第四、六章由周挽黎编写，第五章由赵秀雯编写。全书由白凤领统稿。

全国高等教育自学考试指导委员会电子电工与信息类专业委员会组织了本书的审稿工作。参与本书审稿的有中国人民武装警察部队学院李佑标教授、江苏省公安消防总队叶年忠高级工程师、天津市公安消防总队徐桦高级工程师。对他们付出的辛勤劳动，特此表示感谢。

全国高等教育自学考试指导委员会电子电工与信息类专业委员会最后审定通过了本书。

全国高等教育自学考试指导委员会
电子电工与信息类专业委员会
2014 年 1 月